quick & easy

mediterran kochen

Inhalt

Einleitung

Selbst ein kurzer Aufenthalt in einer der Mittelmeerregionen hinterlässt eine lebhafte Erinnerung an die intensiven Aromen der dortigen Küche. Und eben diese Aromen sind es, die die Küchen Südfrankreichs, Italiens und Spaniens mit den griechischen, türkischen und nordafrikanischen verbinden. Ansonsten sind die Gerichte dieser Länder so unterschiedlich wie die Menschen, die dort leben. Sie haben sich aus der einfachen Kost entwickelt, die seit Generationen auf den regional vorhandenen Zutaten basieren. Alle Rezepte in diesem Buch sind leicht zuzubereiten, doch weil sie recht schlicht sind, erfordern sie unbedingt Zutaten, die in Reifegrad und Qualität den im Mittelmeerraum angebotenen in nichts nachstehen.

Olivenöl

Bestimmte Zutaten werden in den Küchen aller Mittelmeerregionen verwendet. Olivenöl ist die wichtigste von ihnen. Im Handel werden unzählige Sorten angeboten. Ihre Farben variieren von tiefgrün bis fahlgelb, ihre Aromen changieren zwischen mild, pfeffrig und pikant. Falls Sie bislang andere Öle verwendet haben, werden Sie sich an den Geschmack von Olivenöl vielleicht erst gewöhnen müssen.

Olivenöle werden unterschiedlich klassifiziert. Die Qualitätsstufen reichen vom einfachen, günstigen Olivenöl, das zum Kochen verwendet wird, bis hin zum nativen Olivenöl extra, der hochwertigsten Variante. Sie wird aus der ersten Pressung der Oliven gewonnen und besitzt das intensivste Aroma. Natives Olivenöl extra sollte für Salate und zum Verfeinern anderer kalter Speisen verwendet werden, da Erhitzen seinen Geschmack beeinträchtigt. Zum Kochen genügt einfaches Olivenöl. Olivenöl enthält viel von den gesunden mehrfach ungesättigten Fettsäuren – dennoch ist es ein Fett und sollte daher sparsam verwendet werden.

Tomaten

Frische, sonnengereifte Tomaten werden in warmen und in kalten Gerichten verarbeitet. In unseren Breiten sind qualitativ hochwertige Tomaten aus der Dose frischen, aber frühreifen und aromaarmen Sorten vorzuziehen. Italienische Eiertomaten sind häufig die beste Wahl, einige Gerichte können auch gut mit Fleisch- oder Kirschtomaten zubereitet werden.

Knoblauch

Knoblauch ist ein wichtiges mediterranes Würzmittel. Er kann gekocht oder roh verwendet werden. Langsames Dünsten mildert seinen scharfen Geschmack; er wird dadurch weich und süßlich. Achten Sie beim Kauf darauf, dass die Knollen noch nicht gekeimt haben; sie könnten dadurch bitter schmecken. Guter Knoblauch besitzt feste Zehen und eine eng anliegende Außenhaut. Er sollte bei Zimmertemperatur an einem dunklen Ort gelagert werden. Zu empfehlen sind Knoblauchtöpfe mit Löchern für eine optimale Luftzirkulation.

Auberginen

Das dunkelviolette, glattschalige Gemüse ist ein weiteres häufig verwendetes mediterranes Nahrungsmittel. Die französische und italienische Küche schätzen es besonders. Die zerkleinerte Frucht sollte vor der Verwendung gesalzen werden und 30 Minuten ziehen. Dadurch verliert sie ihre Bitterstoffe und wird entwässert, sodass sie beim Kochen nicht zerfällt. Tupfen Sie die Stücke anschließend mit Küchenpapier ab, wenn sie gebraten oder frittiert werden sollen.

Im Sommer werden im Mittelmeerraum Miniaturauberginen angeboten. Regionale Köche verarbeiten sie zu kleinen Appetithappen oder nutzen sie als verzehrbare Garnierung. Achten Sie beim Kauf von Auberginen auf eine glatte, glänzende Schale und festes Fruchtfleisch. Die Größe der Frucht hat keinen Einfluss auf ihren Geschmack, nur besitzen dickere Auberginen meist mehr Kerne. Als Fruchtgemüse sind Auberginen eng mit den Tomaten verwandt; sie werden daher im Mittelmeerraum häufig miteinander kombiniert.

Fisch und Meeresfrüchte

Fische und Krustentiere spielen in der mediterranen Küche eine große Rolle. Kaufen Sie immer nur frische Ware und bereiten Sie diese noch am selben Tag zu. Frischen Fisch erkennt man an klaren, glänzenden Augen, roten Kiemen und festem Fleisch; wenn er sich beim Anheben nach unten biegt, wurde er bereits vor über einem Tag gefangen. Aufgeschnittene Schwert- und Thunfischsteaks oder -filets sollten eine klare, saubere Oberfläche aufweisen; Barsch- oder anderes helles Fischfleisch sollte durchscheinend weiß sein. Frischer Fisch riecht nicht fischig, sondern angenehm süß.

Krustentiere wie Austern, Mies- oder Venusmuscheln kauft man am besten lebend ein; im frischen Zustand sind ihre Schalen geschlossen. Garnelen hingegen werden hierzulande gewöhnlich tiefgekühlt verkauft. Für die Zubereitung aller Meerestiere gilt: je kürzer die Garzeit, umso aromatischer und saftiger das Fleisch.

Frische Kräuter

Frische, aromatische Kräuter verleihen im Sommer leichten mediterranen Speisen ebenso ihren unverwechselbaren Geschmack wie im Winter getrocknete Kräuter den Schmor- und Eintöpfen. Da nur frische Kräuter ihr volles Aroma entfalten, sollten Sie diese den getrockneten vorziehen. Achten Sie beim Kauf auf kräftige, gesunde Pflanzen oder Zweige, alle anderen haben bereits viel von ihrer Würzkraft verloren.

Basilikum Dieses Kraut wird sehr häufig für Nudelgerichte oder Suppen verwendet. Besonders gut harmoniert es mit Tomaten. Einmal gepflückt lässt es sich nur schwer lagern. Eine reiche Basilikumernte sollten Sie daher zu Pesto verarbeiten (siehe Seite 21).

Dill Mit diesem zarten, geschmacksintensiven Kraut werden meist Fisch- und Meeresfrüchte, zum Teil aber auch Speisen auf Tomatenbasis gewürzt.

Koriander Dieses Kraut wird oft in der marokkanischen, türkischen oder griechischen Küche verwendet. Die Pflanze ähnelt glatter Petersilie. Verwechslungen lassen sich vermeiden, indem man von einem Blatt kostet. Koriander wird hauptsächlich in Suppen, Meeresfruchtgerichten oder für eingelegtes Gemüse verwendet.

Majoran Die Griechen, die besonders häufig mit Majoran würzen, nennen dieses Kraut „Freude der Berge". Es passt gut zu Schweinefleisch und Geflügel.

Oregano Dieses Kraut wird auch „wilder Majoran" genannt. Es schmeckt sehr intensiv und sollte daher sparsam verwendet werden. Traditionell wird es für Eintöpfe und Pizzen verwendet, aber Sie können auch Tomaten-, Zucchini- und Auberginengerichte damit würzen.

Petersilie Die mediterrane Küche bevorzugt die glatte Variante dieses Universalgewürzes, das meist für Salate und zur Garnierung verwendet wird. Kaufen Sie es stets frisch oder tiefgefroren, aber niemals getrocknet.

Rosmarin Dieses Strauchgewächs kann frisch oder getrocknet verwendet werden, es passt gut zu Lammfleisch.

Salbei Frisch oder getrocknet findet dieses geschmacksintensive Kraut besonders in der italienischen Küche Verwendung. Es sollte nur sparsam verwendet werden und passt bestens zu Bohnen oder gegrilltem Geflügel.

Thymian Würzen Sie mit den aromatischen Blättern Tomaten, Eintöpfe, Grillgerichte und eingelegte Oliven.

Symbole

- Schwierigkeitsgrad 1–3 (1 einfach, 3 etwas schwieriger)
- Vorbereitungszeit
- Garzeit

Provenzalische Fischsuppe

Verwenden Sie für diese Suppe unbedingt einen geschmacksintensiven Fisch, etwa Kabeljau oder Schellfisch. Er kann auch tiefgekühlt sein.

NÄHRWERTANGABEN

Kilokalorien 122	Zucker 6g
Eiweiß 12g	Fett 3g
Kohlenhydrate ...7g	davon gesättigt .0,1g

1 Std. 10 Min. 10 Min.

4–6 Personen

ZUTATEN

- 1 EL Olivenöl
- 2 Zwiebeln, fein gehackt
- 1 kleine Porreestange, in dünnen Ringen
- 1 kleine Karotte, fein gehackt
- 1 Selleriestange, fein gehackt
- 1 kleine Fenchelknolle, fein gehackt (nach Belieben)
- 3 Knoblauchzehen, fein gehackt
- 225 ml trockener Weißwein
- 1,2 l Wasser
- 400 g gehackte Tomaten aus der Dose
- 1 Lorbeerblatt
- 1 Prise Fenchelsamen
- 2 Streifen Orangenschale
- ¼ TL Safran
- 350 g weißes Fischfilet
- Salz und Pfeffer
- Knoblauchcroûtons, zum Servieren

1 Das Öl bei mittlerer Hitze in einem großen Topf erwärmen. Die Zwiebeln zugeben und 5 Minuten unter Rühren weich dünsten. Porree, Karotte, Sellerie, Fenchel und Knoblauch zufügen und weitere 4–5 Minuten dünsten, bis der Porree zusammengefallen ist.

2 Den Wein zugießen und 1 Minute aufkochen. Dann Wasser, Tomaten, Lorbeerblatt, Fenchelsamen, Orangenschale und Safran zufügen. Die Mischung erneut kurz aufkochen. Die Hitze reduzieren und die Suppe abgedeckt 30 Minuten köcheln lassen; dabei gelegentlich umrühren.

3 Den Fisch zufügen und die Suppe weitere 20–30 Minuten köcheln lassen, bis der Fisch sehr weich und gar ist. Dann Lorbeerblatt und Orangenschale entfernen.

4 Die Suppe leicht abkühlen lassen, dann portionsweise in einem Mixer oder mit einem Pürierstab glatt pürieren. (Zum Pürieren in der Küchenmaschine den Kochsud abgießen und auffangen. Die Feststoffe mit etwas Flüssigkeit zerkleinern. Dann wieder mit der Restflüssigkeit vermengen.)

5 Die Suppe zurück in den Topf gießen, abschmecken und bei geringer Hitze etwa 5–10 Minuten durchwärmen. Anschließend auf vorgewärmte Teller verteilen, mit den Croûtons garnieren und servieren.

1

2

3

Griechische Bohnensuppe

Die Artischockenherzen erhöhen die Raffinesse dieses klassischen griechischen Rezepts. Sie können aber auch weggelassen werden.

NÄHRWERTANGABEN

Kilokalorien 109	Zucker 7g
Eiweiß 6g	Fett 3g
Kohlenhydrate . .16g	davon gesättigt .0,1g

15 Min. 40 Min.

6 Personen

ZUTATEN

1 EL Olivenöl

1 große Zwiebel, fein gehackt

1 große Karotte, fein gewürfelt

2 Selleriestangen, fein gewürfelt

4 Tomaten, gehäutet, entkernt und gewürfelt, oder 250 g gehackte Tomaten aus der Dose, abgetropft

2 Knoblauchzehen, fein gehackt

800 g weiße Bohnen aus der Dose

1,2 l Wasser

1 Zucchini, fein gewürfelt

abgeriebene Schale von ½ Zitrone

1 EL frisch gehackte Minze oder ¼ TL getrocknete Minze

1 TL frisch gehackter Thymian oder ¼ TL getrockneter Thymian

1 Lorbeerblatt

Salz und Pfeffer

400 g Artischockenherzen aus der Dose

1 Bei mittlerer Hitze 1 Esslöffel Öl in einem großen Topf erwärmen. Die Zwiebel zugeben und unter gelegentlichem Rühren glasig dünsten. Karotte, Sellerie, Tomaten und Knoblauch zufügen und unter Rühren 5 Minuten mitdünsten.

2 Bohnen und Wasser zugeben. Alles aufkochen, dann die Hitze reduzieren und die Suppe etwa 10 Minuten köcheln lassen.

3 Zucchini, Zitronenschale, Minze, Thymian und Lorbeerblatt zugeben. Die Suppe mit Salz und Pfeffer würzen, abdecken und weitere 40 Minuten kochen, bis das Gemüse gar ist. Die Suppe leicht abkühlen lassen und das Lorbeerblatt entfernen. Dann 450 ml der Suppe glatt pürieren und mit dem unpürierten Rest vermengen.

4 Unterdessen das restliche Öl bei mittlerer Hitze in einer Pfanne erwärmen. Bei Bedarf etwas mehr Öl zugeben, sodass der Pfannenboden ganz bedeckt ist. Die Artischockenherzen mit der Schnittfläche nach unten leicht anbräunen. Wenden und von der anderen Seite kurz anbraten.

5 Die fertige Suppe auf vorgewärmte Teller verteilen, mit je einem gebratenem Artischockenherz garnieren und sofort servieren.

2

3

3

Zucchinisuppe mit Hummus

Mit dieser leichten, feinen Suppe werden Sie jeden Gourmet begeistern – dass sie so einfach zuzubereiten ist, müssen Sie ja nicht verraten.

NÄHRWERTANGABEN

Kilokalorien	135	Zucker	3g
Eiweiß	5g	Fett	9g
Kohlenhydrate	8g	davon gesättigt	0,1g

5 Min. 25 Min.

4 Personen

ZUTATEN

- 1 TL Olivenöl
- 1 kleine Zwiebel
- 3 Zucchini (etwa 450 g), in Scheiben
- 450 ml Hühner- oder Gemüsebrühe
- 175 g Hummus aus der Dose
- Salz und Pfeffer
- frisch gepresster Zitronensaft, zum Abschmecken
- frisch gehackte Petersilie, zum Garnieren

1 Das Öl bei mittlerer Hitze in einem großen Topf erwärmen. Zwiebel und Zucchini zugeben, den Topf abdecken und das Gemüse etwa 3 Minuten unter gelegentlichem Rühren dünsten, bis es weich wird.

1

2 Die Brühe zugießen, leicht salzen und aufkochen. Dann die Hitze reduzieren und die Suppe abgedeckt 20 Minuten köcheln lassen, bis das Gemüse gar ist; dabei gelegentlich umrühren.

3 Die Suppe etwas abkühlen lassen, dann portionsweise in einem Mixer oder mit einem Pürierstab glatt pürieren. (Zum Pürieren in der Küchenmaschine den Kochsud abgießen und auffangen. Die Feststoffe mit etwas Flüssigkeit zerkleinern. Dann wieder mit der Restflüssigkeit vermengen.)

4

4 Das Hummus zu der pürierten Suppe geben und unter Rühren sorgfältig mit den anderen Zutaten vermengen.

5

5 Die Suppe in den Topf zurückgeben und bei geringer Hitze etwa 5 Minuten durchwärmen. Anschließend mit Salz und Pfeffer abschmecken. Bei Bedarf auch etwas mehr Zitronensaft zufügen. Die fertige Suppe auf vorgewärmte Teller verteilen oder in warme Suppenschalen füllen, mit gehackter Petersilie garnieren und sofort servieren, solange sie noch heiß ist.

TIPP

Die Suppe erhält eine hellere Farbe, wenn die Zucchini vor der Zugabe geschält werden.

Hühnercremesuppe surprise

Für diese Suppe benötigen Sie eine geschmacksintensive Brühe. Die Blätterteighaube wird separat gebacken, um das Servieren zu erleichtern.

NÄHRWERTANGABEN

Kilokalorien 513	Zucker 2g
Eiweiß 28g	Fett 33g
Kohlenhydrate ..44g	davon gesättigt .10g

15 Min. 50 Min.

6 Personen

ZUTATEN

- 1,5 l Hühnerbrühe
- 4 Hähnchenbrustfilets
- 2 Knoblauchzehen, zerdrückt
- 1 kleines Bund frischer Estragon oder ¼ TL getrockneter Estragon
- 1 EL Butter
- 400 g Champignons, in Scheiben
- Salz und Pfeffer
- 3 EL trockener Weißwein
- 6 EL Mehl
- 175 g Schlagsahne oder Crème double
- 375 g Blätterteig
- 2 EL frisch gehackte Petersilie

1 Die Brühe in einen Topf gießen und aufkochen. Hühnerfleisch, Knoblauch und Estragon zufügen. Die Hitze reduzieren und die Mischung 20 Minuten unter gelegentlichem Rühren köcheln lassen, bis das Fleisch gar ist. Das fertig gegarte Fleisch aus dem Topf nehmen, etwas abkühlen lassen und in mundgerechte Stücke schneiden. Die Brühe durch ein Sieb seihen.

2 Die Butter in einer großen Pfanne bei mittlerer Hitze zerlassen. Die Pilze zugeben, salzen, pfeffern und 5–8 Minuten unter Rühren braten, bis sie goldbraun sind; dabei mit zunehmender Färbung häufiger rühren. Den Wein zugießen und kurz aufwallen lassen. Dann die Pilze vom Herd nehmen.

3 Mehl und Sahne oder Crème double in einer Schüssel zu einer dicken Paste verrühren. Ein klein wenig Brühe zugießen und die Mischung glatt rühren.

4 Die restliche Brühe in einem Topf aufkochen. Die angerührte Mehlmischung zugießen und unter Rühren 3–4 Minuten kochen, bis die Suppe eindickt. Die Pilze mitsamt Bratensaft zugießen. Die Hitze stark reduzieren und die Suppe warm halten.

5 Aus dem Blätterteig 6 Kreise ausschneiden, deren Durchmesser etwas kleiner als der der Suppenschalen ist. Die Kreise auf ein Backblech legen, mit einer Gabel mehrmals einstechen und in einem auf 200 °C vorgeheizten Backofen 15 Minuten goldbraun backen.

6 Inzwischen das Hühnerfleisch in die Suppe geben. Die Suppe abschmecken und 10 Minuten köcheln lassen, bis alles gut durchwärmt ist. Dann die Petersilie einrühren. Die fertige Suppe auf vorgewärmte Teller verteilen, mit den vorbereiteten Blätterteigkreisen bedecken und sofort servieren.

1

5

Knoblauchgarnelen

In Spanien wird dieses Gericht in glasierten Tongefäßen, den so genannten *cazuelas* zubereitet und noch siedend heiß zu Tisch gebracht.

NÄHRWERTANGABEN

Kilokalorien 385	Zucker 0g
Eiweiß 26g	Fett 31g
Kohlenhydrate . . .1g	davon gesättigt . .5g

5 Min. 5 Min.

4 Personen

ZUTATEN

- 120 ml Olivenöl
- 4 Knoblauchzehen, fein gehackt
- 2 scharfe frische rote Chillies, entkernt und fein gehackt
- 450 g gekochte Riesengarnelen
- 2 EL frisch gehackte glatte Petersilie
- Salz und Pfeffer
- Zitronenspalten, zum Garnieren
- knuspriges Brot, zum Servieren

1 Das Olivenöl in einer großen Pfanne erhitzen. Knoblauch und Chillies darin bei geringer Hitze unter gelegentlichem Rühren 1–2 Minuten dünsten, aber nicht bräunen.

2 Die Garnelen zugeben und unter ständigem Rühren 2–3 Minuten in der Knoblauch-Öl-Mischung erhitzen.

3 Die Pfanne vom Herd nehmen, die Petersilie unterrühren und die Garnelen mit Salz und Pfeffer abschmecken.

4 Die Garnelen mit der Knoblauch-Öl-Mischung auf vorgewärmte Teller verteilen und mit Zitronenspalten garniert servieren. Als Beilage viel frisches Brot reichen.

TIPP

Bereiten Sie rohe Garnelen wie oben beschrieben zu, aber verlängern Sie die Kochzeit um 5–6 Minuten. Tiefgefrorene Garnelen müssen vor dem Garen vollständig aufgetaut werden.

Hummus

Dieser Dip ist schnell und einfach zubereitet. Servieren Sie ihn mit Fladenbrot oder rohem Gemüse.

NÄHRWERTANGABEN

Kilokalorien	204	Zucker	1g
Eiweiß	7g	Fett	14g
Kohlenhydrate	13g	davon gesättigt	2g

12 Std. 10 Min. 1 Std. 15 Min.

4 Personen

ZUTATEN

- 200 g getrocknete Kichererbsen
- 2 große Knoblauchzehen
- 7 EL natives Olivenöl extra
- 2½ EL Tahini (Sesampaste)
- 1 EL Zitronensaft
- Salz und Pfeffer

GARNIERUNG

- natives Olivenöl extra
- Paprikapulver
- frischer Koriander

1 Die Kichererbsen in eine große Schüssel geben, mit der doppelten Menge kalten Wassers übergießen und mindestens 12 Stunden einweichen lassen, bis sie ihr Volumen verdoppelt haben.

2 Die eingeweichten Kichererbsen abgießen und in einen großen Topf geben. Die doppelte Menge an Wasser zugießen, aufkochen und die Kichererbsen darin 10 Minuten sprudelnd kochen; den Schaum, der sich dabei an der Oberfläche bildet, regelmäßig abschöpfen.

3 Die Hitze reduzieren und die Kichererbsen 1 Stunde köcheln lassen, bis sie weich sind; eventuellen Schaum, der sich dabei an der Oberfläche bildet, weiterhin abschöpfen. Unterdessen die Knoblauchzehen halbieren, entkeimen und grob hacken. Dann beiseite stellen.

4 Die Kichererbsen abgießen und dabei 4 Esslöffel des Kochsuds auffangen. Olivenöl, Knoblauch, Tahini und Zitronensaft in eine Küchenmaschine geben und zu einer weichen Paste pürieren.

5 Die Kichererbsen zufügen und vorsichtig untermixen, bis eine grobkörnige Paste entsteht. Etwas Kochwasser zugießen, falls diese zu dickflüssig wird. Die fertige Paste mit Salz und Pfeffer abschmecken.

6 Das fertige Hummus in eine Schüssel füllen, mit Frischhaltefolie abdecken und zum Auskühlen in den Kühlschrank stellen. Zum Servieren mit etwas Olivenöl beträufeln, mit Paprikapulver bestreuen und mit Koriander garnieren.

Tapenade

Diesen rustikalen Brotaufstrich können Sie nach Belieben dick- oder dünnflüssig zubereiten. Als Dip zu rohem Gemüse schmeckt er ebenso gut.

NÄHRWERTANGABEN

Kilokalorien 227	Zucker 0g
Eiweiß 5g	Fett 23g
Kohlenhydrate ...0g	davon gesättigt ..3g

20 Min. 0 Min.

4–6 Personen

ZUTATEN

dünne Baguettescheiben

Olivenöl

frisch gehackte glatte Petersilie, zum Garnieren

SCHWARZE TAPENADE

- 250 g eingelegte schwarze Oliven, abgetropft und entsteint
- 1 große Knoblauchzehe
- 1 EL Walnüsse, grob gehackt
- 4 eingelegte Sardellenfilets, abgetropft
- 125 ml natives Olivenöl extra
- Zitronensaft, zum Abschmecken
- Pfeffer

GRÜNE TAPENADE

- 250 g eingelegte grüne Oliven, abgetropft und entsteint
- 4 eingelegte Sardellenfilets, abgetropft
- 4 EL blanchierte Mandeln
- 1 EL eingelegte Kapern, abgetropft
- 125 ml natives Olivenöl extra
- ½–1 EL abgeriebene Orangenschale
- Pfeffer

1 Für die schwarze Tapenade Oliven, Knoblauch, Walnüsse und Sardellen in einen Mixer geben und glatt pürieren.

2 Das Olivenöl bei laufendem Mixer in einem dünnen Strahl zugießen. Die fertige Paste mit Zitronensaft und Pfeffer abschmecken, dann in eine Schale füllen, mit Frischhaltefolie abdecken und kalt stellen.

3 Für die grüne Tapenade Oliven, Sardellen, Mandeln und Kapern in einen Mixer geben und glatt pürieren. Das Olivenöl bei laufendem Mixer in einem dünnen Strahl zugießen. Die fertige Paste mit Orangenschale und Pfeffer abschmecken, dann in eine Schale füllen, mit Frischhaltefolie abdecken und kalt stellen.

4 Die Baguettescheiben von beiden Seiten goldbraun und knusprig rösten und mit Olivenöl bestreichen, solange sie noch warm sind.

5 Die fertigen Baguettescheiben mit den vorbereiteten Tapenaden bestreichen und mit Petersilie garnieren.

1

3

4

Röstgemüsesuppe

Verwenden Sie für diese Suppe unbedingt reife, aromatische Tomaten, da diese den Geschmack der Suppe wesentlich mitbestimmen.

NÄHRWERTANGABEN

Kilokalorien	54	Zucker	9g
Eiweiß	2g	Fett	1g
Kohlenhydrate	10g	davon gesättigt	0g

15 Min. 55 Min.

6–8 Personen

Z U T A T E N

- 1 kg saftige Eiertomaten, halbiert
- 2 große rote Paprika, halbiert und entkernt
- 1 Zwiebel, geviertelt
- 3 Dillzweige, zusammengebunden, plus etwas mehr zum Garnieren
- 1 kleines Stück Orangenschale
- Saft von 1 Orange
- 600 ml Gemüsebrühe
- Salz und Pfeffer
- 1–1½ EL Rotweinessig
- knuspriges Brot, zum Servieren

1 Tomaten, Paprika und Zwiebelviertel mit der Schnittseite nach oben auf ein Backblech legen und in einem auf 230 °C vorgeheizten Backofen etwa 20–25 Minuten rösten, bis sie zu bräunen beginnen.

2 Das gegrillte Gemüse in einen Topf geben. Dill, Orangenschale und -saft sowie die Brühe zufügen. Dann alles mit Salz und Pfeffer würzen und aufkochen.

3 Die Hitze reduzieren, den Deckel halb aufsetzen und das Ganze 25 Minuten köcheln lassen. Anschließend den Dill entfernen. Die restlichen Zutaten durch eine Gemüsemühle drehen (siehe Tipp) oder in einem Mixer pürieren und danach durch ein feines Sieb streichen.

4 Den zuvor benutzten Topf ausspülen, die pürierte Suppe wieder hineingeben und erhitzen. Den Essig zugießen und die Suppe bei Bedarf erneut salzen und pfeffern. Dann in Suppenschalen füllen, mit Dill garnieren und noch heiß mit knusprigem Brot servieren.

TIPP

Eine Gemüsemühle oder *mouli-légume*, wie die Franzosen sie nennen, eignet sich vor allem, um Gemüsesuppen und Saucen zu pürieren, weil sie Schalen und Kerne einfach entfernt.

1

2

3

Parmaschinken mit Früchten

Diese klassische italienische Vorspeise kombiniert die kräftigen Aromen des Parmaschinkens mit der unwiderstehlichen Süße frischer Südfrüchte.

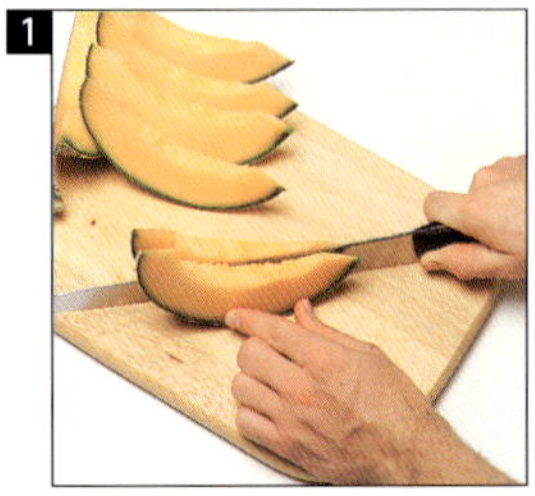

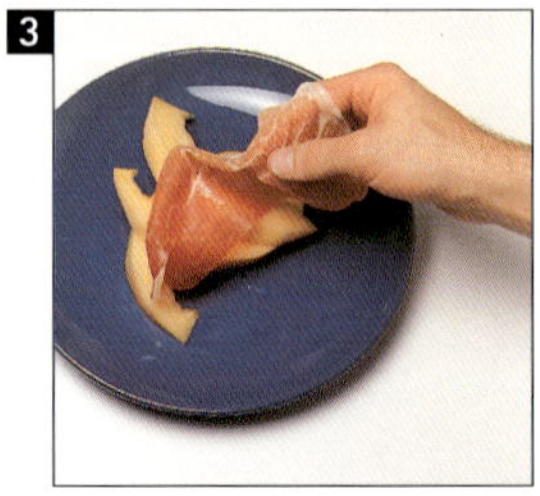

NÄHRWERTANGABEN

Kilokalorien 198	Zucker 13g
Eiweiß 16g	Fett 10g
Kohlenhydrate ..13g	davon gesättigt ..3g

10 Min. 0 Min.

4 Personen

ZUTATEN

- 1 Charentais- oder Honigmelone
- 4 reife, frische Feigen (nach Belieben)
- 12 dünne Scheiben Parmaschinken
- Olivenöl, zum Beträufeln
- Pfeffer
- frische Petersilie, zum Garnieren

1 Die Melone der Länge nach halbieren, und die Kerne mit einem Löffel entfernen. Die Melonenhälften achteln und mit einem Sparschäler von der Schale befreien.

2 Die Feigen, falls verwendet, vom Stiel befreien, aber nicht schälen. Die Früchte aufrecht hinstellen und vierteln, ohne sie dabei ganz durchzutrennen. Jede Feige zu einer „Blüte" öffnen.

3 Auf 4 Tellern je 4 Scheiben Schinken anrichten. Die Melonenstücke und gegebenenfalls die Feigen darauf verteilen. Oder die Melone mit dem Schinken bedecken und dann die Feigen zufügen.

4 Etwas Olivenöl darüber träufeln und etwas Pfeffer darüber streuen. Dann mit Petersilie garnieren und servieren.

TIPP

Für die spanische Version können Sie den Parmaschinken durch Serranoschinken ersetzen, der ähnlich schmeckt, aber nicht so fein aufgeschnitten wird.

Griechischer Salat

Tomaten und Oliven – eine klassische Kombination in der Mittelmeerküche– werden von den Griechen gerne mit Feta und Honig verfeinert.

NÄHRWERTANGABEN

Kilokalorien 347	Zucker 6g
Eiweiß 12g	Fett 31g
Kohlenhydrate . . .6g	davon gesättigt .11g

10 Min. 0 Min.

4 Personen

ZUTATEN

250 g Feta
250 g Salatgurke, längs halbiert
250 g schwarze und grüne Oliven, entsteint
1 rote Zwiebel, in Ringen
2 große saftige Tomaten, geviertelt
1 TL Honig
4 EL natives Olivenöl extra
½ Zitrone
Salz und Pfeffer
frischer Oregano, zum Garnieren
Fladenbrot, zum Servieren

1 Den Feta in 1 cm große Würfel schneiden und in eine Salatschüssel geben.

2 Mit einem Teelöffel die Kerne aus der Gurke entfernen. Dann in 1 cm dicke Scheiben schneiden und zum Feta geben.

3 Die Oliven und die Zwiebel ebenfalls in die Schüssel geben.

4 Die Kerne der Tomaten mit einem Teelöffel entfernen, das Fruchtfleisch in Stücke schneiden und zugeben.

5 Alle Zutaten gründlich mischen. Honig und Olivenöl verquirlen, über den Salat gießen und sorgfältig unterheben. Den fertigen Salat mit Zitronensaft, Salz und Pfeffer abschmecken. Dann abdecken und bis zum Verzehr kalt stellen.

6 Den gekühlten Salat mit frischem Oregano garnieren und mit Fladenbrot servieren.

1

3

4

Zitronen-Risotto

Dieser aromatische Risotto ist eine exzellente Vorspeise, die den Gaumen auf das folgende Hauptgericht bestens vorbereitet.

NÄHRWERTANGABEN

Kilokalorien 442	Zucker 3g
Eiweiß 6g	Fett 15g
Kohlenhydrate . . 68g	davon gesättigt . . 6g

5 Min. 30 Min.

4 Personen

ZUTATEN

2–3 Zitronen
2 EL Olivenöl
2 Schalotten, fein gehackt
300 g Risotto-Reis (Arborio)
125 ml trockener weißer Wermutwein
1 l köchelnde Gemüse- oder Hühnerbrühe
1 EL frisch gehackte glatte Petersilie
2 EL Butter

GARNIERUNG

Zitronenzesten
frische Petersilienzweige

ZUM SERVIEREN

frisch geriebener Parmesan
Avocadospalten

2

4

5

1 Die Schale von 2 Zitronen abreiben. Die Zitronen auf einem Brett fest hin- und herrollen, dann 100 ml Saft auspressen. Gegebenenfalls eine weitere Zitrone auspressen. Den Saft und die Schale zunächst beiseite stellen.

2 Das Olivenöl in einer Pfanne erhitzen. Dann die Schalotten zufügen und unter Rühren 3 Minuten glasig dünsten. Anschließend den Reis zufügen und gut mit den Schalotten vermengen.

3 Den Wermutwein zugießen, gut unterrühren und bis zum Verdampfen sprudelnd kochen. Anschließend die Hitze reduzieren. Den Zitronensaft und einen Schöpflöffel Brühe zugießen. Alles gründlich mischen und unter gelegentlichem Rühren so lange leicht kochen, bis die Flüssigkeit aufgesogen ist.

4 Einen weiteren Schöpflöffel Brühe zugießen, unterrühren und weiterhin köcheln lassen, bis die Flüssigkeit erneut aufgesogen ist. Den Vorgang so lange wiederholen, bis die Brühe aufgebraucht und der Reis cremig ist. Einige Esslöffel Flüssigkeit dürfen am Ende noch auf der Oberfläche schwimmen.

5 Zitronenschale und Petersilie unterrühren. Die Butter zufügen, die Pfanne abdecken und vom Herd nehmen. 5 Minuten stehen lassen. Verrühren und mit Petersilie und Zitronenzesten garnieren. Mit Parmesan und Avocadospalten servieren.

Aïoli

Diese provenzalische Knoblauchmayonnaise ist ein fantastischer Dip für Rohkost und blanchiertes Gemüse.

NÄHRWERTANGABEN

Kilokalorien	239	Zucker	0,1g
Eiweiß	1g	Fett	26g
Kohlenhydrate	1g	davon gesättigt	4g

5 Min. 0 Min.

4 Personen

ZUTATEN

- 4 große Knoblauchzehen
- 1 Prise Meersalz
- 2 große Eigelb
- 300 ml natives Olivenöl extra
- 1–2 EL Zitronensaft, zum Abschmecken
- 1 EL frische weiße Semmelbrösel
- Salz und Pfeffer

ZUM SERVIEREN

- Auswahl roher Gemüse, z. B. Paprika, Zucchini, Frühlingszwiebeln, Tomaten
- Auswahl blanchierter und abgekühlter Gemüse, z. B. Artischockenherzen, Blumenkohl- und Brokkoliröschen

1 Den Knoblauch fein hacken und das Salz darüber streuen. Mit einer breiten Messerklinge Knoblauch und Salz sorgfältig zerdrücken und auf diese Weise zu einer weichen Paste verarbeiten.

2 Die Knoblauchpaste in einen Mixer geben. Das Eigelb zufügen und alles zu einer glatten Masse verarbeiten.

3 Das Olivenöl nach und nach in einem dünnen Strahl zugießen und alles so lange mischen, bis eine dicke Mayonnaise entstanden ist.

4 Zu der Mayonnaise 1 Esslöffel Zitronensaft sowie die frischen Brotkrumen zufügen und alles erneut mixen. Dann abschmecken und gegebenfalls etwas mehr Zitronensaft zugießen. Anschließend mit Salz und Pfeffer würzen.

5 Die fertige Aïoli in eine Schüssel füllen, abdecken und bis zum Verzehr in den Kühlschrank stellen. Im Kühlschrank ist die Creme bis zu 7 Tage haltbar. Rohkost und blanchiertes Gemüse auf einer Platte anordnen und die Aïoli in einer Schale in der Mitte platzieren.

1

2

3

TIPP

Die Menge des verwendeten Knoblauchs in der traditionellen provenzalischen Aïoli ist Geschmackssache. Als Faustregel gilt: 2 Zehen pro Person. Diese Version ist etwas milder, aber noch immer sehr geschmacksintensiv.

Spinat-Sardellen-Fettucine

Dieses farbenfrohe Nudelgericht kann mit vielen verschiedenen Pastasorten zubereitet werden. Probieren Sie es einmal mit Linguine oder Spaghetti.

NÄHRWERTANGABEN

Kilokalorien	619	Zucker	5g
Eiweiß	21g	Fett	31g
Kohlenhydrate	67g	davon gesättigt	3g

10 Min. 25 Min.

4 Personen

ZUTATEN

900 g frischer junger Blattspinat

400 g frische Fettuccine

6 EL Olivenöl

3 EL Pinienkerne

3 Knoblauchzehen, zerdrückt

8 eingelegte Sardellenfilets, abgetropft und gehackt

Salz

1 Den Spinat von eventuell vorhandenen harten Stängeln befreien. Die Blätter abspülen und nass in einen großen Topf geben. Abdecken und bei mittlerer Hitze dünsten, bis die Blätter zusammenfallen, aber noch ihre Farbe besitzen. Dabei den Topf gelegentlich schütteln. Den Spinat gut abtropfen lassen und warm stellen.

TIPP

Wenn es einmal schnell gehen muss, können Sie auch tiefgefrorenen Spinat verwenden. Diesen zunächst auftauen, abtropfen lassen und so viel Flüssigkeit wie möglich herausdrücken. Dann in Streifen schneiden und mit den Sardellen in Schritt 4 zur Sauce geben.

2 Die Nudeln mit 1 Esslöffel Olivenöl in einem großen Topf mit leicht gesalzenem kochendem Wasser *al dente* kochen.

3 In einem kleinen Topf 4 Esslöffel Olivenöl erhitzen. Die Pinienkerne zugeben und goldbraun rösten. Herausnehmen und zunächst beiseite stellen.

4 Den Knoblauch in den Topf geben und goldgelb dünsten. Anschließend die Sardellen und den Spinat zufügen und unter Rühren 2–3 Minuten erwärmen. Dann die gerösteten Pinienkerne wieder in den Topf geben.

5 Die Nudeln gründlich abgießen, mit dem restlichen Olivenöl vermengen und in eine vorgewärmte Schüssel geben. Dann die Sauce über die Nudeln gießen und sorgfältig unterheben. Das fertige Gericht sofort servieren.

1

3

4

Toskanische Bohnensuppe

Diese sättigende Suppe mit verschiedenen Bohnen in einer kräftigen Rotwein-Tomaten-Brühe ist ein ideales einfaches Mittagessen.

NÄHRWERTANGABEN

Kilokalorien	160	Zucker	10g
Eiweiß	9g	Fett	2g
Kohlenhydrate	23g	davon gesättigt	0g

10 Min. 25 Min.

4 Personen

ZUTATEN

- 1 Zwiebel, gehackt
- 1 Knoblauchzehe, fein gehackt
- 2 Selleriestangen, in Scheiben
- 1 große Karotte, gewürfelt
- 400 g gehackte Tomaten aus der Dose
- 150 ml trockener Rotwein
- 1,2 l Gemüsebrühe
- 1 TL getrockneter Oregano
- 425 g gemischte Bohnen aus der Dose
- 2 Zucchini, gewürfelt
- 1 EL Tomatenmark
- Salz und Pfeffer

ZUM SERVIEREN

- Pesto (siehe Seite 21)
- knuspriges Brot

1 Zwiebel, Knoblauch, Sellerie und Karotte in einen großen Topf geben. Anschließend Tomaten, Rotwein, Gemüsebrühe und Oregano unterrühren.

2 Die Mischung zum Kochen bringen, den Deckel auflegen und alles 15 Minuten köcheln lassen. Dann die gemischten Bohnen und die Zucchini in den Topf geben und die Suppe ohne Deckel weitere 5 Minuten köcheln lassen.

3 Das Tomatenmark in die Gemüsemischung einrühren und gut mit Salz und Pfeffer abschmecken. Die Suppe noch einmal 2–3 Minuten unter gelegentlichem Rühren duchwärmen, sie darf aber nicht mehr kochen.

4 Die Suppe auf vorgewärmte Teller oder Suppenschalen verteilen, mit etwas Pesto garnieren und mit knusprigem Brot servieren.

1

2

3

VARIATION

Die Suppe wird etwas gehaltvoller, wenn sie mit den Bohnen und den Zucchini in Schritt 2 noch 350 g vorgekochtes mageres Hühner- oder Putenfleisch zugeben.

Capri-Salat

Diese leichte Vorspeise aus Tomaten und Oliven wird mit einer Balsamico-Vinaigrette verfeinert und mit Mozzarella gratiniert.

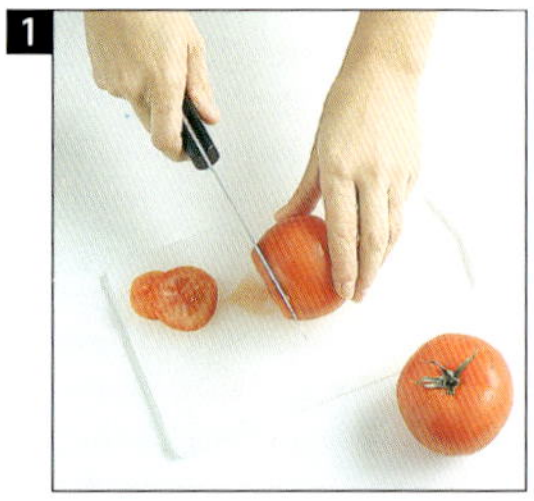

NÄHRWERTANGABEN

Kilokalorien 95	Zucker 3g
Eiweiß 3g	Fett 8g
Kohlenhydrate ...3g	davon gesättigt ..3g

10 Min. 0 Min.

4 Personen

ZUTATEN

- 4 Fleischtomaten
- 125 g Mozzarella
- 12 schwarze Oliven
- 8 große Basilikumblätter
- 1 EL Balsamico-Essig
- 1 EL Olivenöl
- Salz und Pfeffer
- frisches Basilikum, zum Garnieren

1 Die Tomaten mit einem scharfen Messer in Scheiben schneiden.

2 Den Mozzarella ebenfalls in Scheiben schneiden.

3 Die Oliven entsteinen und in dünne Ringe schneiden.

4 Tomaten, Mozzarella, Oliven und Basilikumblätter zu 4 oder 8 Türmchen aufschichten; mit Mozzarella abschließen.

5 Die fertigen Stapel 2–3 Minuten unter einen vorgeheizten Backofengrill geben, bis der Käse geschmolzen ist.

6 Balsamico und Olivenöl über die Gemüsetürmchen träufeln und diese mit Salz und Pfeffer würzen.

7 Die fertigen Gemüsetürmchen auf Teller verteilen, mit Basilikum garnieren und sofort servieren.

TIPP

Etwas geschmackvoller als der weit verbreitete Mozzarella aus Kuhmilch ist der traditionelle, jedoch teure Büffelmozzarella. Er wird vor allem für Salate und aromatische Gratins verwendet.

Sardinen mit Pesto

Nehmen Sie für dieses Rezept fetthaltigen Fisch, der beim Grillen nicht so rasch austrocknet – z. B. Heringe oder Sardinen.

NÄHRWERTANGABEN

Kilokalorien	617	Zucker	0,1g
Eiweiß	27g	Fett	56g
Kohlenhydrate	1g	davon gesättigt	11g

20 Min. 6 Min.

4 Personen

ZUTATEN

16 große Sardinen, geschuppt und ausgenommen

Zitronenscheiben, zum Servieren

PESTO

50 g frische Basilikumblätter

2 Knoblauchzehen, zerdrückt

2 EL Pinienkerne, geröstet

50 g frisch geriebener Parmesan

150 ml Olivenöl

Salz und Pfeffer

1 Die Sardinen innen und außen abwaschen, mit Küchenpapier trockentupfen und auf einen Grillrost legen.

2 Für den Pesto Basilikum, Knoblauch und Pinienkerne in einem Mixer fein zerhacken. In eine Schüssel füllen, mit Parmesan und Öl verrühren und mit Salz und Pfeffer würzen.

3 Eine Seite jeder Sardine mit ein wenig Pesto bestreichen und die Fische 3 Minuten unter einem vorgeheizten Backofengrill garen. Anschließend die Sardinen wenden, wiederum mit Pesto bestreichen und weitere 3 Minuten grillen, bis sie gar und heiß sind.

4 Mit dem restlichen Pesto und einigen Zitronenscheiben servieren.

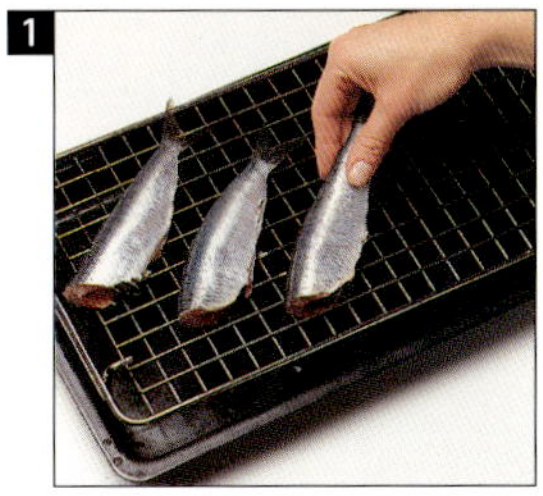

Pasta alla puttanesca

Angeblich wurde dieses Gericht von italienischen Prostituierten kreiert, die sich rasch, aber gründlich stärken mussten.

NUTRITIONAL INFORMATION

Kilokalorien	359	Zucker	10g
Eiweiß	10g	Fett	14g
Kohlenhydrate	51g	davon gesättigt	2g

10 Min. | 25 Min.

4 Personen

ZUTATEN

- 3 EL natives Olivenöl extra
- 1 große rote Zwiebel, fein gehackt
- 4 eingelegte Sardellenfilets, abgetropft
- 1 Prise Chiliflocken
- 2 Knoblauchzehen, fein gehackt
- 400 g gehackte Tomaten aus der Dose
- 2 EL Tomatenmark
- 250 g Spaghetti
- je 25 g schwarze und grüne Oliven, entsteint und grob gehackt
- 1 EL Kapern, abgespült und abgetropft
- 4 getrocknete Tomaten in Öl, abgetropft und grob gehackt
- Salz und Pfeffer

1 Das Öl in einem Topf erhitzen. Zwiebel, Sardellen und Chiliflocken zufügen und bei geringer Hitze 10 Minuten unter Rühren goldbraun andünsten. Den Knoblauch zugeben und weitere 30 Sekunden mitdünsten.

2 Tomaten und Tomatenmark in den Topf geben, die Hitze erhöhen und die Mischung aufkochen. Die Hitze reduzieren und alles 10 Minuten köcheln lassen.

3 Die Spaghetti in leicht gesalzenem kochendem Wasser *al dente* kochen.

4 Oliven, Kapern und getrocknete Tomaten in die Sauce geben, weitere 2–3 Minuten köcheln lassen. Abschmecken.

5 Die Nudeln abtropfen, in den Topf zurückgeben und mit der Sauce übergießen. Alles gut vermengen und servieren.

1

4

5

Spinat-Frittata mit Kräutern

Wenn Sie das Wenden von Omeletts scheuen, versuchen Sie doch einmal diese italienische Frittata – sie wird im Backofen zubereitet.

NÄHRWERTANGABEN

Kilokalorien 145	Zucker 0,1g
Eiweiß 8g	Fett 12g
Kohlenhydrate . . .1g	davon gesättigt . .3g

15 Min. 15 Min.

6–8 Personen

ZUTATEN

- 4 EL Olivenöl
- 6 Frühlingszwiebeln, in Ringen
- 250 g junger Blattspinat, entstielt, gewaschen und abgetropft
- 6 große Eier
- Salz und Pfeffer
- 3 EL frisch gehackte Kräuter, z. B. glatte Petersilie, Thymian und Koriander
- 2 EL frisch geriebener Parmesan, plus etwas mehr zum Garnieren
- frische Petersilie, zum Garnieren

1 Eine beschichtete Pfanne mit feuerfestem Griff bei mittlerer Hitze erwärmen. Das Öl zufügen und die Frühlingszwiebeln darin etwa 2 Minuten dünsten. Dann den Spinat in die Pfanne geben und so lange dünsten, bis er zusammenfällt.

2 Die Eier in einer großen Schüssel verquirlen und mit Salz und Pfeffer würzen. Mit einem Schaumlöffel Spinat und Zwiebeln aus der Pfanne heben und zu den Eiern geben. Dann die Kräuter unterrühren. Das Öl aus der Pfanne in ein feuerfestes Kännchen gießen und die braunen Krusten vom Pfannenboden kratzen.

3 Die Pfanne erneut erhitzen. 2 Esslöffel Öl hineingeben. Die Spinat-Mischung in die Pfanne geben und zu einer glatten Schicht zusammendrücken. 6 Minuten braten, bis der Boden fest geworden ist, dabei gelegentlich die Pfanne schütteln.

4 Die Frittata mit Parmesan bestreuen. Die Pfanne unter den vorgeheizten Backofengrill schieben und etwa 3 Minuten grillen, bis die Flüssigkeit verdampft und der Käse goldbraun ist.

5 Die Frittata behutsam auf einen Teller gleiten lassen und vor dem Schneiden mindestens 5 Minuten stehen lassen. Mit Parmesan und Petersilie garnieren und heiß oder warm servieren.

1

3

4

Spanakopittas

Diese griechischen, mit Spinat und Feta gefüllten Filo-Teig-Taschen machen sich gut als mediterrane Vorspeise oder leichtes Mittagessen.

NÄHRWERTANGABEN

Kilokalorien 952	Zucker 15g
Eiweiß 18g	Fett 61g
Kohlenhydrate . .87g	davon gesättigt .29g

30 Min. 25 Min.

4 Personen

ZUTATEN

- 2 EL Olivenöl
- 6 Frühlingszwiebeln, gehackt
- 250 g frischer junger Blattspinat, entstielt und gewaschen
- 60 g Langkornreis (kein Basmati), gekocht und abgetropft
- 4 EL frisch gehackter Dill
- 4 EL frisch gehackte Petersilie
- 4 EL Pinienkerne
- 2 EL Rosinen
- 60 g Feta, abgetropft und gewürfelt
- 1 Muskatnuss
- frisch gemahlener schwarzer Pfeffer
- 1 Prise Cayennepfeffer (nach Belieben)
- 40 Blätter Filo-Teig
- 250 g Butter, zerlassen

1 Das Öl in einer großen Pfanne erhitzen. Die Zwiebeln zufügen und 2 Minuten dünsten. Die noch feuchten Spinatblätter zugeben und unter Rühren kochen, bis sie zusammenfallen. Anschließend kurz abkühlen lassen und die überschüssige Flüssigkeit ausdrücken.

2 Reis, Kräuter, Pinienkerne, Rosinen und Feta zum Spinat geben. Die Muskatnuss darüber reiben und alles mit schwarzem und Cayennepfeffer würzen.

3 Die Teigblätter stapeln und 40 Quadrate mit je 15 cm Seitenlänge daraus ausschneiden. 8 Quadrate abnehmen und daraus Kreise (10 cm Ø) schneiden. Den nicht verwendeten Teig einwickeln; die Quadrate und Kreise mit einem feuchten Handtuch abdecken.

4 Eine Springform (10 cm Ø) mit Butter einfetten. Dann ein Filo-Teig-Quadrat hineinlegen und mit Butter bestreichen. Den Vorgang mit 7 weiteren Quadraten wiederholen. Dabei den Teig jedoch nicht in die Kanten drücken.

5 Ein Viertel der Füllung auf den Teig geben und die Oberfläche glätten. Einen Teigkreis darüber legen und mit Butter bestreichen. Überlappende Teigenden oben nach innen einschlagen und ebenfalls mit Butter bestreichen. Drei weitere Springformen auf dieselbe Weise füllen.

6 Die Teigtaschen auf ein Backblech stellen und in einem auf 180 °C vorgeheizten Backofen 20–25 Minuten goldbraun backen. Aus dem Backofen nehmen und 5 Minuten abkühlen lassen, dann aus der Form lösen.

2

3

4

Pan bagna

Die Füllung für dieses französische Brot kann nach Belieben variiert werden. Betrachten Sie diese Version als Vorschlag.

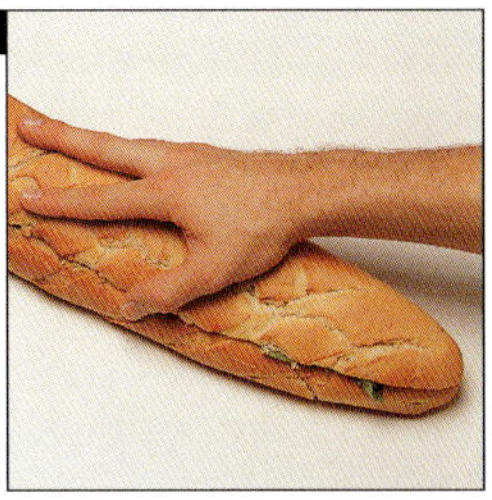

NÄHRWERTANGABEN

Kilokalorien	422	Zucker	4g
Eiweiß	27g	Fett	16g
Kohlenhydrate	44g	davon gesättigt	3g

3 Std. 15 Min. 0 Min.

4 Personen

ZUTATEN

1 breites Baguette (etwa 40 cm lang)

natives Olivenöl extra

grüne oder schwarze Tapenade (siehe Seite 12, nach Belieben)

FÜLLUNG

50 g eingelegte Sardellenfilets, abgetropft

85 g eingelegte Oliven, entsteint

2 Eier, hart gekocht

Feldsalat oder Rucola, gewaschen und trockengetupft

4 Tomaten, in Scheiben

200 g Thunfisch aus der Dose, abgetropft und klein gezupft

1 Für die Füllung die Sardellen längs halbieren, die Oliven ebenfalls halbieren und die Eier in Scheiben schneiden.

2 Das Baguette längs halbieren. Die einzelnen Hälften aushöhlen; dabei einen Rand von etwa 1 cm stehen lassen.

3 Die Brothälften von innen großzügig mit Olivenöl und nach Belieben mit Tapenade bestreichen. Die untere Brothälfte mit Salat- oder Rucolablättern auslegen.

4 Beide Hälften schichtweise mit Eier- und Tomatenscheiben, Sardellen und Thunfisch belegen. Zwischen die einzelnen Schichten Salatblätter legen. Die Füllung kann ruhig sehr dick werden.

5 Die Baguettehälften aufeinander legen und zusammendrücken. In Frischhaltefolie einwickeln, auf ein Brett oder einen Teller legen und in den Kühlschrank stellen. Mit einem leichten Gewicht beschweren und mehrere Stunden kühlen lassen. (Um das Brot fest zusammenzuhalten, kann es auch verschnürt werden.) Das fertige Pan bagna zum Servieren in 4 gleich große Stücke schneiden.

VARIATION

Weitere typisch mediterrane Füllungen für ein Pan bagna sind zerdrückter Knoblauch, rote oder grüne Paprika, kleine dicke Bohnen, saure Gurken, Artischockenherzen, Gemüsezwiebeln und gefüllte Oliven.

Überbackene Auberginen

Servieren Sie dieses köstliche Gratin als Beilage zu gebratenem Lamm oder mit viel französischem Baguette als vegetarische Hauptmahlzeit.

NÄHRWERTANGABEN

Kilokalorien	261	Zucker	5g
Eiweiß	20g	Fett	18g
Kohlenhydrate	6g	davon gesättigt	10g

45 Min. 40 Min.

4–6 Personen

ZUTATEN

- 1 große Aubergine (etwa 800 g)
- Salz
- 300 g Mozzarella, abgetropft
- 85 g Parmesan
- Olivenöl
- 250 ml fertige Tomatensauce aus der Dose
- Salz und Pfeffer

1 Die Aubergine in 5 mm dicke Scheiben schneiden. Diese nebeneinander auf einen Teller legen, salzen und 30 Minuten ziehen lassen (siehe Tipp).

2 Inzwischen den Mozzarella und den Parmesan reiben.

3 Die Aubergine abspülen und gut mit Küchenpapier trockentupfen. Ein Backblech mit etwas Öl einfetten, die Auberginenscheiben nebeneinander darauf legen und ebenfalls mit Öl bestreichen.

4 Die Auberginen in einem auf 200 °C vorgeheizten Backofen 5 Minuten rösten. Wenden, erneut mit Öl bestreichen und weitere 5 Minuten rösten. Aus dem Backofen nehmen, diesen aber nicht ausschalten.

5 Eine Auflaufform mit 1 Esslöffel Öl einfetten. Eine Schicht Auberginen hineinlegen und ein Viertel der Tomatensauce darüber gießen. Mit einem Drittel des Mozzarellas und mit Salz und Pfeffer bestreuen.

6 Die Schichtung in dieser Reihenfolge fortsetzen, bis sämtliche Zutaten aufgebraucht sind; dabei mit einer Schicht Tomatensauce abschließen. Das Gratin mit Parmesan bestreuen, in den noch heißen Backofen schieben und 30 Minuten goldbraun backen.

1

3

5

TIPP

Die Auberginen werden gesalzen oder, wie Profiköche sagen, degorgiert, um sie zu entwässern und ihnen so eventuelle Bitterstoffe zu entziehen.

Gemüsespieße vom Grill

Diese Spieße mit Paprika, Zucchini, Auberginen und roten Zwiebeln kann man als Hauptmahlzeit oder als originelle Beilage servieren.

NÄHRWERTANGABEN

Kilokalorien	66	Zucker	7g
Eiweiß	2g	Fett	3g
Kohlenhydrate	7g	davon gesättigt	0,5g

15 Min. 15 Min.

4 Personen

ZUTATEN

- 1 große rote Paprika
- 1 große grüne Paprika
- 1 große orangefarbene Paprika
- 1 große Zucchini
- 4 kleine Auberginen
- 2 rote Zwiebeln
- 2 EL Zitronensaft
- 1 EL Olivenöl
- 1 Knoblauchzehe, zerdrückt
- 1 EL frisch gehackter Rosmarin oder 1 TL getrockneter Rosmarin
- Salz und Pfeffer

ZUM SERVIEREN

- gegarter Bulgur
- Tomaten-Oliven-Relish

1 Die Paprika halbieren, entkernen und in gleich große, ungefähr 2,5 cm breite Stücke schneiden.

2 Die Zucchini putzen, längs halbieren und ebenfalls in etwa 2,5 cm große Stücke schneiden. Paprika und Zucchini in eine Schüssel geben und beiseite stellen.

3 Die Auberginen putzen und der Länge nach vierteln. Die Zwiebeln in jeweils 8 gleich große Spalten schneiden.

4 Die Auberginen und die Zwiebeln zu den Paprika und der Zucchini in die Schüssel geben.

5 Zitronensaft, Olivenöl, Knoblauch, Rosmarin, Salz und Pfeffer in einer kleinen Schüssel sorgfältig verrühren. Die Mischung über das vorbereitete Gemüse gießen und gründlich unterheben, bis das Gemüse rundum von der Marinade bedeckt ist.

6 Das Gemüse auf 8 zuvor gewässerte Holzspieße stecken und 10–12 Minuten über heißen Kohlen oder unter einem vorgeheizten Backofengrill garen, bis das Gemüse weich und leicht gebräunt ist; dabei häufig wenden.

7 Die fertig gegrillten Spieße abtropfen lassen und auf einem Bett aus Bulgur anrichten. Dazu passt ein würziges Tomaten-Oliven-Relish.

1

3

6

Spanische Tortilla

Diesen Klassiker findet man oft unter den Tapas, den berühmten Snacks aus Spanien. Er kann mit beliebigen Gemüsesorten zubereitet werden.

NÄHRWERTANGABEN

Kilokalorien	430	Zucker	6g
Eiweiß	16g	Fett	20g
Kohlenhydrate	50g	davon gesättigt	4g

10 Min. 35 Min.

4 Personen

ZUTATEN

- 1 kg fest kochende Kartoffeln, in dünnen Scheiben
- 4 EL Öl
- 1 Zwiebel, in Ringen
- 2 Knoblauchzehen, zerdrückt
- 1 grüne Paprika, entkernt und gewürfelt
- 2 Tomaten, entkernt und gehackt
- 25 g Mais aus der Dose, abgetropft
- 6 große Eier, verquirlt
- 2 EL gehackte Petersilie
- Salz und Pfeffer

1 Die Kartoffeln 5 Minuten vorkochen, dann abtropfen lassen.

2 Das Öl in einer großen Pfanne erhitzen. Kartoffeln und Zwiebel zugeben und bei geringer Hitze unter ständigem Rühren 5 Minuten braten, bis die Kartoffeln leicht gebräunt sind.

3 Knoblauch, Paprika, Tomaten und Mais zufügen und gründlich untermischen.

4 Eier und Petersilie unterrühren. Alles mit Salz und Pfeffer abschmecken und 10–12 Minuten braten, bis die Unterseite des Teigs knusprig braun ist.

5 Die Pfanne vom Herd nehmen und unter einen vorgeheizten Grill stellen, und dort die Tortilla weitere 5–7 Minuten stocken lassen, bis auch die Oberseite goldbraun ist.

6 Je nach Wunsch die fertige Tortilla mit einem Messer in keilförmige Stücke oder Würfel schneiden und mit Salat servieren. Tortillas werden in Spanien heiß, kalt oder warm serviert.

2

3

4

TIPP

Vergewissern Sie sich, dass der Griff Ihrer Pfanne feuerfest ist, bevor Sie die Pfanne unter den Grill stellen. Beim Herausnehmen Topfhandschuhe benutzen, da die Pfanne sehr heiß wird.

Penne mit Gemüse

Die süßlichen Kirschtomaten bereichern dieses Gericht auch optisch. Schwarze Oliven und bunte Paprika unterstützen den Effekt.

NÄHRWERTANGABEN

Kilokalorien 361	Zucker 8g
Eiweiß 8g	Fett 14g
Kohlenhydrate . .49g	davon gesättigt . .5g

10 Min. 20 Min.

4 Personen

ZUTATEN

225 g Penne
2 EL Olivenöl
2 EL Butter
2 Knoblauchzehen, zerdrückt
1 grüne Paprika, in dünnen Streifen
1 gelbe Paprika, in dünnen Streifen
16 Kirschtomaten, halbiert
1 EL frisch gehackter Oregano
125 ml trockener Weißwein
2 EL schwarze Oliven, geviertelt
Salz und Pfeffer
75 g Rucola
frische Oreganozweige, zum Garnieren

1 Die Nudeln in kochendem Salzwasser *al dente* kochen. Dann abgießen und gut abtropfen lassen.

2 Öl und Butter in einer Pfanne erhitzen. Den Knoblauch darin 30 Sekunden andünsten. Die Paprika zugeben und etwa 3–4 Minuten unter Rühren mitdünsten.

3 Kirschtomaten, Oregano, Wein und Oliven zufügen und alles 3–4 Minuten kochen. Mit Salz und Pfeffer abschmecken. Den Rucola zugeben und rühren, bis dieser zusammengefallen ist.

4 Die Nudeln gut mit der Sauce mischen, mit Oreganozweigen garniert servieren.

2

3

3

TIPP
Falls Rucola nicht erhältlich ist, können Sie auch Spinat verwenden – die Zubereitungsmethode bleibt die gleiche.

Spaghetti alla carbonara

Achten Sie darauf, dass alle Zutaten so heiß wie möglich sind, bevor Sie die Eimischung zugeben. Auf diese Weise stockt sie besser.

NÄHRWERTANGABEN

Kilokalorien	1092	Zucker	9g
Eiweiß	37g	Fett	69g
Kohlenhydrate	86g	davon gesättigt	36g

10 Min. 15 Min.

4 Personen

ZUTATEN

- 425 g Spaghetti
- 2 EL Olivenöl
- 1 große Zwiebel, in dünnen Ringen
- 2 Knoblauchzehen, gehackt
- 175 g durchwachsener Speck ohne Schwarte, in dünnen Streifen
- 25 g Butter
- 175 g Champignons, in dünnen Scheiben
- 300 g Crème double
- 3 Eier, verquirlt
- 100 g frisch geriebener Parmesan, plus etwas mehr zum Servieren
- Salz und Pfeffer
- Salbeizweige, zum Garnieren

1 Eine große Servierschüssel vorwärmen. Die Spaghetti mit 1 Esslöffel Öl in einem großen Topf mit leicht gesalzenem, kochendem Wasser *al dente* kochen. Dann abgießen, in den Topf zurückgeben und warm stellen.

2 Das restliche Öl bei mittlerer Hitze in einer Pfanne erwärmen. Die Zwiebel zufügen und glasig dünsten. Knoblauch und Speck zugeben und braten, bis der Speck knusprig ist. Die fertige Mischung in die vorgewärmte Schüssel geben.

3 Die Butter in der Pfanne zerlassen, die Champignons zugeben und unter gelegentlichem Rühren 3–4 Minuten braten. Die Speckmischung wieder in die Pfanne geben, unterrühren, alles abdecken und warm stellen.

4 Crème double, Eier und Käse in einer großen Schüssel verquirlen und großzügig mit Salz und Pfeffer würzen.

5 Die Spaghetti zu der Champignon-Speck-Mischung geben und mit der Eimischung übergießen. Diese mithilfe zweier Gabeln schnell unterheben. Das fertige Gericht garnieren und mit etwas geriebenem Parmesan servieren.

2

3

4

TIPP

Der Erfolg dieses Rezepts hängt davon ab, das Ei leicht, aber nicht zu stark stocken zu lassen. Darum müssen alle Zutaten so heiß sein, dass es nicht notwendig ist, sie erneut zu erwärmen, um so ein zu kräftiges Stocken der Eimasse zu vermeiden.

Orecchiette & Specktomaten

Durch den Duft von Oregano und gebratenem Speck läuft dem Koch bereits bei der Zubereitung das Wasser im Mund zusammen.

NÄHRWERTANGABEN

Kilokalorien 431	Zucker 8g
Eiweiß 10g	Fett 29g
Kohlenhydrate ..34g	davon gesättigt .14g

10 Min. 25 Min.

4 Personen

ZUTATEN

- 900 g kleine aromatische Tomaten
- 6 Scheiben Räucherspeck ohne Schwarte
- 60 g Butter
- 1 Zwiebel, gehackt
- 1 Knoblauchzehe, zerdrückt
- 4 frische Oreganozweige, fein gehackt
- Salz und Pfeffer
- 450 g Orecchiette
- 1 EL Olivenöl
- frische Basilikumzweige, zum Garnieren
- frisch geriebener Pecorino, zum Servieren

1 Den Speck mit einem scharfen Messer in kleine Würfel schneiden.

2 Die Tomaten kurz in kochendem Wasser blanchieren. Dann abtropfen lassen, häuten, entkernen und grob hacken.

3 Die Butter in einer Pfanne zerlassen. Den Speck darin goldbraun braten.

4 Zwiebel und Knoblauch zugeben und bei mittlerer Hitze weich dünsten.

5 Tomaten und Oregano zufügen und alles mit Salz und Pfeffer würzen. Die Hitze reduzieren und die Mischung etwa 10–12 Minuten köcheln lassen.

6 Die Orecchiette mit dem Öl in einem großen Topf mit leicht gesalzenem, kochendem Wasser *al dente* kochen. Dann abgießen und in eine vorgewärmte Schüssel geben.

7 Die Sauce über die Nudeln gießen und gut unterheben. Das fertige Gericht mit Basilikum garnieren und mit etwas Pecorino sofort servieren.

1

3

5

Tagliarini mit Gorgonzola

Diese einfache Sahnesauce zählt zu den klassischen und vielleicht auch beliebtesten Rezepten der italienischen Küche.

NÄHRWERTANGABEN

Kilokalorien	904	Zucker	4g
Eiweiß	27g	Fett	53g
Kohlenhydrate	83g	davon gesättigt	36g

10 Min. 15 Min.

4 Personen

ZUTATEN

- 1 EL Butter
- 225 g Gorgonzola, grob zerbröckelt
- 150 g Crème double
- 2 EL trockener Weißwein
- 1 TL Speisestärke
- 4 frische Salbeizweige, fein gehackt
- Salz und weißer Pfeffer
- 400 g Tagliarini
- 2 EL Olivenöl

1

2

3

1 Die Butter in einem Topf zerlassen. Dann 150 g Gorgonzola einrühren und etwa 2 Minuten bei geringer Hitze schmelzen.

2 Crème double, Wein und Speisestärke zugeben und mit einem Schneebesen gut verquirlen.

3 Den Salbei einrühren und die Sauce mit Salz und Pfeffer abschmecken. Unter Schlagen bei geringer Hitze aufkochen, bis die Sauce eindickt. Vom Herd nehmen und bis zur weiteren Verwendung beiseite stellen.

4 Die Tagliarini in einem großen Topf mit kochendem Salzwasser und 1 Esslöffel Olivenöl 12–14 Minuten *al dente* kochen. Dann gründlich abtropfen lassen und mit dem restlichen Olivenöl vermengen. Die Nudeln in eine Schüssel umfüllen und warm stellen.

5 Die Gorgonzolasauce unter ständigem Rühren bei geringer Hitze aufwärmen. Dann die Sauce über die Tagliarini gießen, alles mit dem restlichen Käse bestreuen und sofort servieren.

TIPP

Gorgonzola ist einer der besten Blauschimmelkäse der Welt. Achten Sie beim Kauf auf eine cremig gelbe Farbe und eine feine blaugrüne Äderung. Er sollte ein volles, pikantes, aber nicht bitteres Aroma haben. Meiden Sie harten oder verfärbten Käse.

Überbackener Fenchel

Das typische Aroma des Fenchels – in Italien eine beliebte Zutat – bildet einen interessanten Kontrast zur cremigen Béchamelsauce.

NÄHRWERTANGABEN

Kilokalorien	426	Zucker	9g
Eiweiß	13g	Fett	35g
Kohlenhydrate	16g	davon gesättigt	19g

10 Min. 45 Min.

4 Personen

ZUTATEN

- 4 Fenchelknollen
- 2 EL Butter
- 150 ml trockener Weißwein
- Béchamelsauce (siehe Seite 40), mit 2 Eigelb verfeinert
- Salz und Pfeffer
- 2 EL frische Semmelbrösel
- 3 EL frisch geriebener Parmesan
- Fenchelgrün, zum Garnieren

1 Beschädigte und trockene Fenchelschalen entfernen und die Knollen halbieren. Den Fenchel in einem großen Topf mit kochendem Salzwasser 20 Minuten garen, dann abtropfen lassen.

2 Eine Auflaufform mit der Butter sorgfältig einfetten und den abgetropften Fenchel hineinlegen.

3 Den Wein mit der Béchamelsauce verrühren, mit Salz und Pfeffer abschmecken und über den Fenchel gießen.

4 Den Fenchel gleichmäßig mit Semmelbröseln und Parmesan bestreuen.

5 Den so vorbereiteten Fenchel in einem auf 200 °C vorgeheizten Backofen etwa 20 Minuten goldbraun backen. Mit Fenchelgrün garnieren und servieren.

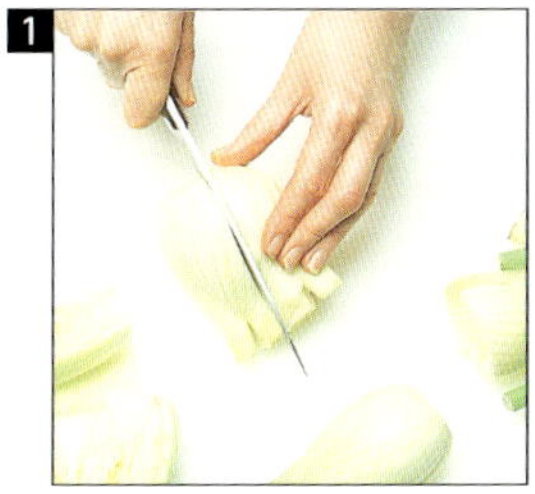

1

3

4

Gefüllte Paprika

Servieren Sie diese Paprika mit den abgeschnittenen Stielenden: die Enden mit den Schoten blanchieren und die letzten 10 Minuten mitbacken.

NÄHRWERTANGABEN

Kilokalorien	366	Zucker	24g
Eiweiß	12g	Fett	12g
Kohlenhydrate	54g	davon gesättigt	4g

1 Std. 10 Min. 20 Min.

6 Personen

ZUTATEN

- 6 große Paprika in verschiedenen Farben
- 200 g weißer Langkornreis
- 2–3 EL Olivenöl, plus etwas mehr zum Einfetten und Beträufeln
- 1 große Zwiebel
- 2 Selleriestangen, gehackt
- 2 Knoblauchzehen, fein gehackt
- ½ TL Zimt oder Piment
- 80 g Rosinen
- 4 EL Pinienkerne, leicht geröstet
- 4 reife Eiertomaten, entkernt und gehackt
- 50 ml Weißwein
- 4 eingelegte Sardellenfilets, gehackt
- ½ Bund frische Petersilie, gehackt
- ½ Bund frische Minze, gehackt
- Salz und Pfeffer
- 6 EL frisch geriebener Parmesan
- Tomatensauce, zum Servieren (nach Belieben)

1 Die Stielenden der Paprika abschneiden, dann die Schoten ausschaben und 3 Minuten in kochendem Wasser blanchieren. Behutsam herausnehmen und kopfüber auf einem Rost abtropfen lassen.

2 Den Reis in kochendem Salzwasser bissfest garen. Abgießen, unter kaltem Wasser abspülen und beiseite stellen.

3 Das Öl in einer großen Pfanne erhitzen. Zwiebel und Sellerie 2 Minuten darin andünsten. Dann Knoblauch, Zimt oder Piment und Rosinen zugeben und 1 Minute mitgaren. Den Reis zugeben, anschließend Pinienkerne, Tomaten, Wein, Sardellen, Petersilie und Minze zufügen und alles 4 Minuten köcheln lassen. Vom Herd nehmen, abschmecken und die Hälfte des Parmesan zufügen.

4 Den Boden einer Auflaufform mit etwas Öl bestreichen. Die Reismasse gleichmäßig auf die ausgehöhlten Paprika verteilen. Die Schoten in die Form setzen, mit dem restlichen Parmesan bestreuen und mit etwas Öl beträufeln. Etwas Wasser in die Form gießen, bis die Schoten etwa 1 cm hoch darin stehen. Anschließend die Paprika locker mit Alufolie abdecken.

5 Die abgedeckten Paprika in einem auf 180 °C vorgeheizten Backofen 40 Minuten garen. Dann die Alufolie entfernen und die Schoten weitere 10 Minuten backen. Mit Tomatensauce servieren.

1

3

4

Kalbskoteletts mit Salsa verde

Die erfrischende italienische Salsa verde verleiht jedem noch so einfachen Fleisch- oder Fischgericht ein mediterranes Flair.

NÄHRWERTANGABEN

Kilokalorien	481	Zucker	1g
Eiweiß	41g	Fett	34g
Kohlenhydrate	2g	davon gesättigt	5g

10 Min. 5 Min.

4 Personen

ZUTATEN

- 4 Kalbskoteletts (je 225 g und 2 cm dick)
- Knoblauchöl, zum Bestreichen
- Salz und Pfeffer
- frische Basilikum- oder Oreganoblätter, zum Garnieren

SALSA VERDE

- 60 g frische glatte Petersilie
- 3 eingelegte Sardellenfilets, abgetropft
- ½ EL Kapern, abgespült und abgetropft
- 1 Schalotte, fein gehackt
- 1 Knoblauchzehe, entkeimt und fein gehackt
- 1 EL Zitronensaft, nach Belieben mehr
- 6 frische große Basilikumblätter
- 2 frische Oreganozweige
- 125 ml natives Olivenöl extra
- Pfeffer

1 Für die Salsa Verde alle Zutaten bis auf das Olivenöl in einem Mixer zu einer glatten Masse pürieren.

2 Erst jetzt das Olivenöl zugießen und alles auf höchster Stufe mixen, bis die Masse eindickt. Anschließend mit Pfeffer abschmecken, in eine Schüssel füllen, mit Frischhaltefolie abdecken und in den Kühlschrank stellen.

3 Die Kalbskoteletts zunächst mit dem Knoblauchöl bestreichen und dann mit Salz und Pfeffer würzen. Unter einen vorgeheizten Backofengrill stellen und 3 Minuten braten. Dann das Fleisch wenden, wieder mit Öl einpinseln und weitere 2 Minuten grillen. Mit einer Messerspitze zur Garprobe einstechen: Ist der austretende Fleischsaft klar, sind sie gar.

4 Die Koteletts mit ein wenig Salsa verde auf Teller verteilen. Dann mit Basilikum oder Oregano garnieren und servieren. Die restliche Salsa in eine Schüssel geben und dazu reichen.

TIPP

Die Salsa verde ist in einem fest verschließbaren Gefäß im Kühlschrank bis zu 2 Tage haltbar. Sie schmeckt auch zu gegrillter Seebarbe und kann nach Belieben bei einigen Gerichten anstelle von Pesto verwendet werden.

1

3

4

Spanisches Hähnchen

Das langsame Garen mildert den typisch strengen Geschmack frischen Knoblauchs ab, sodass er hier sehr zart und leicht süßlich schmeckt.

NÄHRWERTANGABEN

Kilokalorien 496	Zucker 1g
Eiweiß 41g	Fett 22g
Kohlenhydrate ..15g	davon gesättigt ..5g

10 Min. 45 Min.

4 Personen

ZUTATEN

- Cayennepfeffer
- 2–3 EL Mehl
- Salz und Pfeffer
- 4 Hähnchenschenkel oder andere Hühnerteile, trockengetupft
- 4–5 EL Olivenöl
- 20 große Knoblauchzehen, halbiert und entkeimt
- 1 großes Lorbeerblatt
- 450 ml Hühnerbrühe
- 4 EL trockener Weißwein
- frisch gehackte Petersilie, zum Garnieren

1 Cayennepfeffer, 2 Esslöffel Mehl, Salz und Pfeffer in einen Gefrierbeutel geben. Die Hühnerteile nacheinander in den Beutel geben und schütteln, bis sie von der Mehlmischung überzogen sind. Eventuell überschüssiges Mehl abschütteln.

TIPP

Die gekochten Knoblauchzehen können auch püriert, in eine kleine Schale gefüllt und separat gereicht werden. Das Fleisch wird dann bei Tisch mit der Paste bestrichen.

2 In einer großen Pfanne 3 Esslöffel Olivenöl erhitzen. Den Knoblauch zufügen und unter Rühren 2 Minuten dünsten, um das Öl mit seinem Geschmack zu aromatisieren. Den Knoblauch mit einem Schaumlöffel aus der Pfanne heben und beiseite stellen.

3 Die Hühnerteile mit der Haut nach unten in der Pfanne 5 Minuten goldbraun braten. Wenden und weitere 5 Minuten braten, falls nötig, 1–2 Esslöffel Olivenöl zugeben.

4 Den Knoblauch wieder in die Pfanne geben. Lorbeerblatt, Brühe und Wein zugeben. Die Hitze reduzieren und alles abgedeckt etwa 25 Minuten köcheln lassen, bis das Fleisch zart ist und die Knoblauchzehen sehr weich sind.

5 Das Fleisch mit einem Schaumlöffel aus der Pfanne nehmen und warm halten. Für die Sauce Kochsud und Knoblauch aufkochen und die Flüssigkeit bis auf etwa 250 ml reduzieren. Die fertige Sauce kräftig mit Salz und Pfeffer abschmecken.

6 Die Sauce über das Fleisch gießen und den Knoblauch gleichmäßig darauf verteilen. Das fertige Gericht mit Petersilie garnieren und sofort servieren.

Baskischer Fleischeintopf

Getrocknete Bohnen werden in vielen mediterranen Eintöpfen verwendet. Paprika und Orange sind typisch für die spanischen Varianten.

NÄHRWERTANGABEN

Kilokalorien 240	Zucker 6g
Eiweiß 30g	Fett 4g
Kohlenhydrate . .23g	davon gesättigt . .1g

12 Std. 20 Min. 1 Std. 40 Min.

4–6 Personen

ZUTATEN

200 g getrocknete weiße Bohnen, über Nacht eingeweicht und abgetropft

Olivenöl

600 g Schweinshaxe, entbeint und in 5 cm große Würfel geschnitten

1 große Zwiebel, in Ringen

3 große Knoblauchzehen, zerdrückt

400 g gehackte Tomaten aus der Dose

2 grüne Paprika, entkernt und in Streifen

abgeriebene Schale von 1 großen Orange

Salz und Pfeffer

frisch gehackte Petersilie, zum Garnieren

1 Die Bohnen in einem Topf mit Wasser bedecken, aufkochen und 10 Minuten garen. Dann die Hitze reduzieren und die Bohnen 20 Minuten köcheln lassen. Anschließend abgießen und beiseite stellen.

VARIATION

Übrig gebliebene Bohnen und Paprika können für eine Nudelsauce verwendet werden. Wer es sehr würzig mag, fügt einige Scheiben gebratene Chorizo hinzu.

2 Den Boden einer großen Pfanne mit einer dünnen Schicht Olivenöl bedecken. Das Öl bei mittlerer Hitze erwärmen, das Fleisch portionsweise zufügen und rundum goldbraun anbraten. Dann beiseite stellen.

3 Falls erforderlich, etwas mehr Olivenöl in die Pfanne geben und die Zwiebel darin 3 Minuten dünsten. Den Knoblauch unterrühren und alles weitere 2 Minuten dünsten. Dann das Fleisch zurück in die Pfanne geben.

4 Die Tomaten zugeben und aufkochen. Die Hitze reduzieren, Paprika, Orangenschale und Bohnen zufügen und alles mit Salz und Pfeffer abschmecken.

5 Den Pfanneninhalt samt Kochsud in einen Schmortopf umfüllen.

6 Den Schmortopf abdecken und den Eintopf in einem auf 180 °C vorgeheizten Backofen 45 Minuten garen, bis Fleisch und Bohnen gar und zart sind. Das Gericht mit Petersilie garniert servieren.

Kalbfleisch auf italienische Art

Mit zartem Kalbfleisch zubereitet ist dieses Gericht ein wahrer Genuss. Es können auch Schweine- oder Putenmedaillons genommen werden.

NÄHRWERTANGABEN

Kilokalorien	592	Zucker	5g
Eiweiß	44g	Fett	23g
Kohlenhydrate	48g	davon gesättigt	9g

15 Min. — 1 Std. 20 Min.

4 Personen

ZUTATEN

- 60 g Butter
- 1 EL Olivenöl
- 675 g Kartoffeln, gewürfelt
- 4 Kalbsschnitzel (je 175 g)
- 1 Zwiebel, geachtelt
- 2 Knoblauchzehen, zerdrückt
- 2 EL Mehl
- 2 EL Tomatenmark
- 150 ml Rotwein
- 300 ml Hühnerbrühe
- 8 vollreife Tomaten, gehäutet, entkernt und gewürfelt
- 25 g schwarze Oliven, entsteint und halbiert
- 2 EL frisch gehacktes Basilikum
- Salz und Pfeffer
- frisches Basilikum, zum Garnieren

1 Die Butter und das Öl in einer großen Pfanne erhitzen, die Kartoffeln zufügen und unter ständigem Rühren 5–7 Minuten leicht braun braten.

2 Die Kartoffeln mit einem Schaumlöffel herausnehmen und beiseite stellen.

3 Das Fleisch in die Pfanne geben und 2–3 Minuten von jeder Seite scharf anbraten. Dann aus der Pfanne nehmen und ebenfalls beiseite stellen.

4 Die Zwiebel und den Knoblauch in die Pfanne geben und etwa 2–3 Minuten glasig dünsten.

5 Mehl und Tomatenmark einrühren und 1 Minute unter Rühren weiterdünsten. Rotwein und Hühnerbrühe zugießen und alles zu einer glatten Sauce verrühren.

6 Kartoffeln und Fleisch in die Pfanne zurückgeben. Dann Tomaten, Oliven und Basilikum unterrühren und alles mit Salz und Pfeffer abschmecken.

7 Den gesamten Pfanneninhalt in einen Schmortopf geben und in einem auf 180 °C vorgeheizten Backofen 1 Stunde schmoren, bis die Kartoffeln und das Fleisch gar sind. Das fertige Gericht mit Basilikum garnieren und servieren.

3

5

6

TIPP

Für eine kürzere Garzeit und sehr zartes Fleisch sollten Sie die Schnitzel vor dem Zubereiten leicht mit einem Fleischklopfer bearbeiten.

Spaghetti mit Fleischbällchen

Dieses beliebte italienische Nudelgericht ist auf der ganzen Welt populär. Am besten schmeckt es mit hochwertigem Rinderhack.

NÄHRWERTANGABEN

Kilokalorien 665	Zucker 9g
Eiweiß 39g	Fett 24g
Kohlenhydrate . .77g	davon gesättigt . .8g

45 Min. 1 Std. 10 Min.

4 Personen

ZUTATEN

- 150 g Vollkornsemmelbrösel
- 150 ml Milch
- 1 EL Butter
- 1 EL Vollkornmehl
- 200 ml Rindfleischbrühe
- 400 g gehackte Tomaten aus der Dose
- 2 EL Tomatenmark
- 1 TL Zucker
- 1 EL frisch gehackter Estragon
- Salz und Pfeffer
- 1 große Zwiebel, gehackt
- 450 g Rinderhack
- 1 TL Paprikapulver
- 4 EL Olivenöl
- 450 g frische Spaghetti
- 1 EL Öl
- frische Estragonzweige, zum Garnieren

2

2

4

1 Semmelbrösel und Milch in eine Schüssel geben, 30 Minuten ziehen lassen.

2 Die Hälfte der Butter in einem Topf zerlassen. Das Mehl einrühren und 2 Minuten anschwitzen. Die Brühe zugießen und unter Rühren 5 Minuten kochen. Dann Tomaten, Tomatenmark, Zucker und Estragon zugeben. Alles mit Salz und Pfeffer würzen und 25 Minuten köcheln lassen.

3 Zwiebel, Rinderhack und Paprikapulver mit den Semmelbröseln vermengen. Die Mischung mit Salz und Pfeffer würzen und daraus 14 Bällchen formen.

4 Die Fleischbällchen im Öl und der restlichen Butter rundum goldbraun anbraten. Dann in einen Schmortopf geben, mit der vorbereiteten Sauce übergießen, abdecken und in einem auf 180 °C vorgeheizten Backofen 25 Minuten backen.

5 Die Spaghetti mit dem Öl in einem großen Topf mit leicht gesalzenem, kochendem Wasser *al dente* kochen. Dann abgießen und in eine vorgewärmte Servierschüssel umfüllen.

6 Inzwischen die Fleischbällchen aus dem Ofen nehmen und 3 Minuten abkühlen lassen. Die Sauce über die Spaghetti gießen, das fertige Gericht mit den frischen Estragonzweigen garnieren und servieren.

Lasagne verde

Diese Lasagne wird mit Teigplatten zubereitet, die nicht vorgekocht werden müssen. Sie sind mittlerweile in fast allen großen Supermärkten erhältlich.

NÄHRWERTANGABEN

Kilokalorien	597	Zucker	12g
Eiweiß	33g	Fett	27g
Kohlenhydrate	55g	davon gesättigt	12g

25 Min. 1 Std. 45 Min.

4–6 Personen

ZUTATEN

Butter, zum Einfetten
14 vorgekochte grüne Lasagneplatten
75 g geriebener Mozzarella
Salz und Pfeffer

FLEISCHSAUCE

30 ml Olivenöl
450 g Rinderhack
1 große Zwiebel, gehackt
1 Selleriestange, gewürfelt
4 Knoblauchzehen, zerdrückt
25 g Mehl
300 ml Rindfleischbrühe
150 ml Rotwein
1 EL frisch gehackte Petersilie
1 TL frisch gehackter Majoran
1 TL frisch gehacktes Basilikum
2 EL Tomatenmark

BÉCHAMELSAUCE

85 g Butter
85 g Mehl
850 ml Milch
2 EL fein gehackte Zwiebel
2 Petersilienzweige
je 1 Prise getrockneter Thymian und Muskat

1 Für die Fleischsauce das Öl in einer großen Pfanne erhitzen. Das Fleisch zugeben und kräftig anbraten. Zwiebel, Sellerie und Knoblauch zufügen und 3 Minuten mitbraten.

2 Die Fleischmischung mit Mehl bestäuben und 1 Minute unter Rühren braten. Nach und nach Brühe und Rotwein zugießen. Alles mit Salz und Pfeffer würzen und die Kräuter unterrühren. Die Sauce aufkochen, dann 35 Minuten köcheln lassen. Anschließend das Tomatenmark zugeben und die Sauce weitere 10 Minuten köcheln lassen.

3 Für die Béchamelsauce die Butter in einem Topf zerlassen. Das Mehl zufügen und 2 Minuten unter Rühren anschwitzen. Dann die Milch einrühren. Die restlichen Zutaten zugeben, alles unter Rühren aufkochen, dann 15 Minuten köcheln lassen. Abschmecken und durch ein Sieb seihen.

4 Eine Auflaufform mit etwas Butter einfetten. Den Boden mit einigen Lasagneplatten auslegen und diese mit je einer Lage Fleisch- und Béchamelsauce bedecken. Die Schichtung zweimal wiederholen; mit einer Lage Béchamelsauce abschließen. Diese gleichmäßig mit dem Mozzarella belegen.

5 Die Lasagne in einem auf 190 °C vorgeheizten Backofen 35 Minuten garen, bis der Käse goldbraun ist.

1

2

4

Pasticcio

Dieses Gericht hat italienische wie griechische Ursprünge und kann heiß oder kalt verzehrt werden. Schneiden Sie es zum Servieren großzügig auf.

NÄHRWERTANGABEN

Kilokalorien 590	Zucker 8g
Eiweiß 34g	Fett 39g
Kohlenhydrate . .23g	davon gesättigt .16g

25 Min. 1 Std. 5 Min.

6 Personen

ZUTATEN

225 g Fusilli oder andere kurze Nudeln
1 EL Olivenöl, plus etwas mehr zum Einfetten
4 EL Crème double
frische Rosmarinzweige, zum Garnieren

SAUCE

2 EL Olivenöl
1 Zwiebel, in dünnen Streifen
1 rote Paprika, entkernt und gehackt
2 Knoblauchzehen, gehackt
625 g Rinderhack
400 g gehackte Tomaten aus der Dose
125 ml trockener Weißwein
2 EL frisch gehackte Petersilie
50 g eingelegte Sardellenfilets, abgetropft und gehackt
Salz und Pfeffer

BELAG

300 g Naturjoghurt
3 Eier
1 Prise frisch geriebene Muskatnuss
40 g Parmesan, frisch gerieben

2

4

5

1 Für die Sauce das Öl in einer Pfanne erhitzen. Zwiebel und Paprika darin 3 Minuten dünsten. Den Knoblauch zugeben und 1 Minute mitdünsten. Dann das Hackfleisch darin rundum anbräunen.

2 Tomaten und Wein in die Pfanne geben und alles aufkochen. Die Mischung 20 Minuten köcheln lassen, bis sie eingedickt ist. Petersilie und Sardellen zufügen, unterrühren und die Sauce mit Salz und Pfeffer abschmecken.

3 Die Nudeln mit dem Öl in leicht gesalzenem, kochendem Wasser *al dente* kochen. Anschließend abgießen, in eine große Schüssel geben und gründlich mit der Crème double vermengen.

4 Für den Belag Joghurt, Eier und Muskat in eine Schüssel geben und gründlich verquirlen.

5 Eine große, tiefe Auflaufform mit Öl einfetten. Die Hälfte der Nudeln hineingeben und mit der Hälfte der Sauce bedecken. Den Vorgang noch einmal wiederholen, zum Abschluss alles mit der Belagmischung übergießen und mit dem Parmesan bestreuen.

6 Den so vorbereiteten Auflauf in einem auf 190 °C vorgeheizten Backofen etwa 25 Minuten goldbraun backen. Den fertigen Auflauf herausnehmen, auf Teller verteilen und mit frischen Rosmarinzweigen garnieren. Sofort servieren.

Neapolitanische Kalbskoteletts

Für dieses delikate Gericht werden Äpfel, Zwiebel und Champignons mit zartem Kalbfleisch zu einem einmaligen Geschmackserlebnis kombiniert.

NÄHRWERTANGABEN

Kilokalorien . . .1071	Zucker 13g
Eiweiß 74g	Fett 59g
Kohlenhydrate . .66g	davon gesättigt .16g

20 Min. 45 Min.

4 Personen

ZUTATEN

- 200 g Butter
- 4 Kalbskoteletts (je 250 g)
- 1 große Zwiebel, in Streifen
- 2 Äpfel, geschält, entkernt und in Scheiben
- 175 g kleine Champignons
- 1 EL frisch gehackter Estragon
- 8 schwarze Pfefferkörner
- 1 EL Sesamsaat
- 400 g Tagliarini
- 100 ml natives Olivenöl extra
- 175 g Mascarpone
- 2 große Fleischtomaten, halbiert
- Blätter von 1 frischen Basilikumzweig
- Salz und Pfeffer

1 In einer Pfanne 60 g Butter zerlassen. Die Koteletts darin 5 Minuten von jeder Seite bei geringer Hitze sanft anbraten. Dann beiseite stellen und warm halten.

2 Zwiebel und Äpfel in die Pfanne geben und goldbraun anbraten. Dann die Mischung in eine Auflaufform füllen und die Koteletts darüber legen. Die so gefüllte Auflaufform zunächst beiseite stellen und gut warm halten.

3 Die restliche Butter in der Pfanne zerlassen. Anschließend die Champignons, den Estragon und die Pfefferkörner zugeben und 3 Minuten andünsten, dann alles mit der Sesamsaat bestreuen.

4 Die Nudeln mit 1 Esslöffel Öl in einem großen Topf mit leicht gesalzenem, kochendem Wasser *al dente* kochen. Dann abgießen und in eine vorgewärmte Auflaufform füllen.

5 Die Nudeln mit dem Mascarpone bedecken und mit dem restlichen Olivenöl beträufeln. Zwiebel, Äpfel und Koteletts auf den Nudeln anrichten. Champignons, Pfefferkörner und Bratensaft über die Koteletts geben, Tomaten und Basilikumblätter am Rand anrichten und alles in einem auf 150 °C vorgeheizten Backofen 5 Minuten garen. Dann mit Salz und Pfeffer abschmecken und sofort servieren.

Koteletts mit Ratatouille

Als Beilage zu dieser geschmacksintensiven Kombination aus Gemüse und Schweinefleisch eignen sich frisch gebackene Ofenkartoffeln.

NÄHRWERTANGABEN

Kilokalorien 230	Zucker 8g
Eiweiß 29g	Fett 9g
Kohlenhydrate ...8g	davon gesättigt ..3g

5 Min. 35 Min.

4 Personen

ZUTATEN

4 magere, entbeinte Schweinekoteletts (je 125 g)

Salz und Pfeffer

1 TL getrocknete gemischte Kräuter

Ofenkartoffeln, als Beilage

SAUCE

1 Zwiebel

1 Knoblauchzehe

1 kleine grüne Paprika, entkernt

1 kleine gelbe Paprika, entkernt

1 Zucchini

100 g kleine Champignons

400 g gehackte Tomaten aus der Dose

2 EL Tomatenmark

1 TL getrocknete gemischte Kräuter

1 TL Zucker

Salz und Pfeffer

1 Für die Sauce Zwiebel und Knoblauch fein hacken, Paprika und Zucchini würfeln und die Pilze halbieren.

2 Das gesamte Gemüse in einen Topf geben. Tomaten und Tomatenmark unterrühren, Kräuter und Zucker zufügen und alles kräftig mit Salz und Pfeffer würzen. Die Mischung aufkochen und abgedeckt 20 Minuten köcheln lassen. Inzwischen den Backofengrill vorheizen.

3 Die Koteletts von Fetträndern befreien, von beiden Seiten salzen, pfeffern und mit der Kräutermischung einreiben. Dann auf einen Grillrost geben und 5 Minuten auf der mittleren Schiene unter dem heißen Grill garen. Wenden und weitere 6–7 Minuten grillen, bis sie gar sind.

4 Die Koteletts auf Küchenpapier abtropfen lassen und mit der Sauce servieren. Dazu Ofenkartoffeln reichen.

1

2

3

TIPP

Diese Gemüsesauce passt auch gut zu anderem kurz gebratenem Fleisch oder zu Fisch. Darüber hinaus eignet sie sich als Füllung für vegetarische Crêpes oder Pfannkuchen.

Steak di Napoli

Am besten verwenden Sie für dieses Gericht frische, sehr reife Tomaten, die typisch für die Gegend um Neapel sind.

NÄHRWERTANGABEN

Kilokalorien	371	Zucker	7g
Eiweiß	43g	Fett	19g
Kohlenhydrate	7g	davon gesättigt	5g

25 Min. — 25 Min.

4 Personen

ZUTATEN

- 750 g frische Tomaten
- 4 EL Olivenöl
- 1 Zwiebel, fein gehackt
- 2–3 Knoblauchzehen, zerdrückt
- 1 EL Tomatenmark
- 2 TL frisch gehackter Majoran oder Oregano
- 4 dünne Rumpsteaks
- Salz und Pfeffer
- 2 EL frisch gehackte Petersilie
- 1 TL Zucker
- frische Kräuter, zum Garnieren
- Schwenkkartoffeln und grünes Gemüse, zum Servieren

1 Die Tomaten von unten kreuzweise einstechen, in eine hitzebeständige Schüssel geben, mit kochendem Wasser übergießen und 20 Sekunden ziehen lassen. Dann häuten, entkernen und fein hacken.

2 Die Hälfte des Öls in einem Topf erhitzen. Zwiebel und Knoblauch zufügen und bei geringer Hitze glasig dünsten.

3 Tomaten, Tomatenmark, Majoran oder Oregano zufügen und 8–10 Minuten bei geringer Hitze köcheln lassen; dabei gelegentlich umrühren.

4 In der Zwischenzeit die Steaks salzen und pfeffern. Das restliche Öl in einer großen Pfanne erhitzen und die Steaks darin von beiden Seiten rasch scharf anbraten, damit sich die Fleischporen schließen. Anschließend nach Belieben weitergaren: Ein englisches Steak muss von jeder Seite etwa 2 Minuten gebraten werden, medium 3–4 Minuten und durchgebraten etwa 5 Minuten. Oder die Steaks mit etwas Öl bestreichen und unter einem vorgeheizten Backofengrill garen.

5 Sobald die Tomatensauce eindickt, diese mit Salz und Pfeffer abschmecken. Dann Petersilie und Zucker zufügen und gut unterrühren.

6 Überschüssiges Fett aus der Steakpfanne gießen, die Tomatensauce zu den Steaks geben, alles bei geringer Hitze leicht durchwämen. Das fertige Gericht mit frischen Kräutern garnieren und sofort servieren. Dazu Schwenkkartoffeln und grünes Gemüse reichen.

Gefülltes Schweinefilet

Dieser raffinierte Schweinebraten mit mediterranem Flair passt hervorragend zu einer würzigen Olivenpaste.

NÄHRWERTANGABEN

Kilokalorien 427	Zucker 0g
Eiweiß 31g	Fett 34g
Kohlenhydrate . . .2g	davon gesättigt . .7g

25 Min. 40 Min.

4 Personen

ZUTATEN

- 500 g mageres Schweinefilet
- Salz und Pfeffer
- Blätter von 1 Bund frischem Basilikum
- 2 EL frisch geriebener Parmesan
- 2 EL Pesto rosso
- 6 dünne Scheiben Parmaschinken
- 1 EL Olivenöl

OLIVENPASTE

- 125 g entsteinte schwarze Oliven
- 4 EL Olivenöl
- 2 Knoblauchzehen, geschält

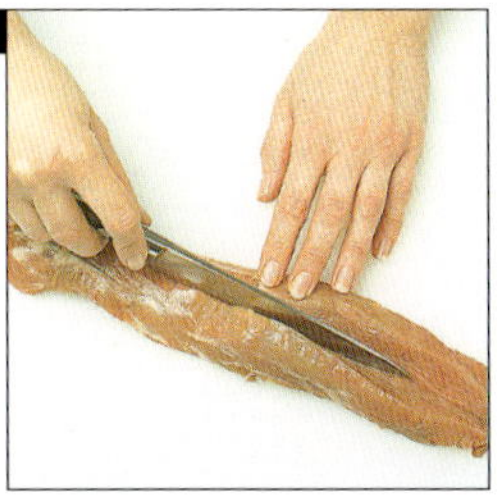
1

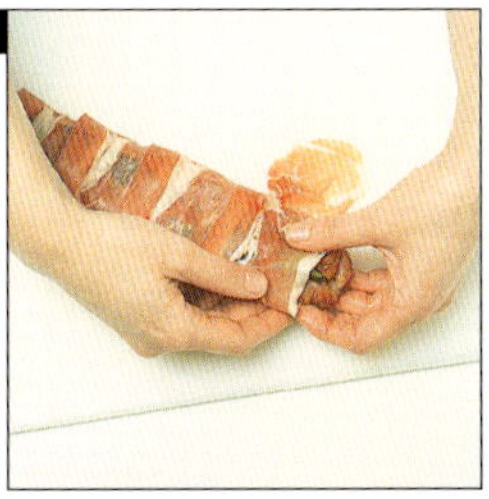
3

4

1 Das Filet längs in der Mitte aufschneiden; dabei darf das Fleisch nicht vollständig durchgeschnitten werden.

2 Das Fleisch auseinander klappen, mit Salz und Pfeffer würzen und die Basilikumblätter in die Mitte legen. Den Käse mit dem Tomatenmark mischen und gleichmäßig auf dem Basilikum verteilen.

3 Das Filet wieder fest zusammendrücken und sorgfältig mit den Schinkenscheiben umwickeln. Das eingewickelte Filet mit der Naht nach unten in eine Auflaufform legen und mit Öl bestreichen. Anschließend in einem auf 190 °C vorgeheizten Backofen 30–40 Minuten backen, bis das Fleisch gar ist. Dann herausnehmen und 10 Minuten ruhen lassen.

4 Für die Olivenpaste alle Zutaten in einem Mixer pürieren oder – falls eine grobkörnigere Paste gewünscht wird – Oliven und Knoblauch fein hacken und mit dem Öl vermengen.

5 Das Fleisch abtropfen lassen, in dünne Scheiben schneiden und mit der Olivenpaste und einem Salat servieren.

Schweinekoteletts mit Salbei

Das frische Aroma des Salbeis passt hervorragend zum kräftigen Geschmack der Schweinekoteletts.

NÄHRWERTANGABEN

Kilokalorien 364	Zucker 5g
Eiweiß 34g	Fett 19g
Kohlenhydrate . .14g	davon gesättigt . .7g

5 Min. 20 Min.

4 Personen

ZUTATEN

- 2 EL Mehl
- 1 EL frisch gehackter Salbei oder 1 TL getrockneter Salbei
- Salz und Pfeffer
- 4 magere Schweinekoteletts, entbeint und überschüssiges Fett entfernt
- 2 EL Olivenöl
- ½ EL Butter
- 2 rote Zwiebeln, in Ringen
- 1 EL Zitronensaft
- 2 TL feiner Zucker
- 4 Eiertomaten, geviertelt
- grüner Salat, zum Servieren

1 Mehl, Salbei, Salz und Pfeffer auf einem Teller mischen. Die Koteletts in dieser Mischung sorgfältig wenden.

2 Öl und Butter in einer großen Pfanne erhitzen. Die Koteletts darin von jeder Seite 6–7 Minuten braten, bis sie gar sind. Dann abtropfen lassen und warm halten.

3 Zwiebeln und Zitronensaft vermengen. Zusammen mit Zucker und Tomaten in die Pfanne geben und 5 Minuten dünsten.

4 Die vorbereiteten Koteletts mit der Tomaten-Zwiebel-Sauce servieren. Dazu einen grünen Salat reichen.

1

2

3

Schnitzel mit Salami & Kapern

Für dieses aromatische italienische Fleischgericht können Sie sowohl Kalbs- als auch Putenschnitzel verwenden.

NÄHRWERTANGABEN

Kilokalorien 233	Zucker 1g
Eiweiß 28g	Fett 13g
Kohlenhydrate ...1g	davon gesättigt ..1g

10 Min. 20 Min.

4 Personen

ZUTATEN

- 1 EL Olivenöl
- 6 eingelegte Sardellenfilets, abgetropft
- 1 EL Kapern, abgetropft
- 1 EL frisch gezupfter Rosmarin
- abgeriebene Schale und Saft von 1 Orange
- 75 g italienische Salami, gewürfelt
- 3 Tomaten, gehäutet und gehackt
- 4 Puten- oder Kalbsschnitzel (je 125 g)
- Salz und Pfeffer
- knuspriges Brot oder gekochte Polenta, zum Servieren

1 Das Öl in einer Pfanne erhitzen. Sardellen, Kapern, Rosmarin, Orangenschale und -saft sowie Salami und Tomaten zugeben und 5–6 Minuten unter gelegentlichem Rühren anbraten.

2 Währendessen das Fleisch zwischen zwei Blätter Butterbrotpapier legen und mit einem Fleischklopfer oder dem Ende eines Nudelholzes flach klopfen.

3 Die so vorbereiteten Schnitzel ebenfalls in die Pfanne geben, gut mit Salz und Pfeffer würzen, abdecken und von jeder Seite 3–5 Minuten braten. Dickere Fleischstücke benötigen eine entsprechend längere Garzeit.

4 Die fertig gebratenen Schnitzel auf Teller verteilen und mit knusprigem Brot oder Polenta servieren.

1

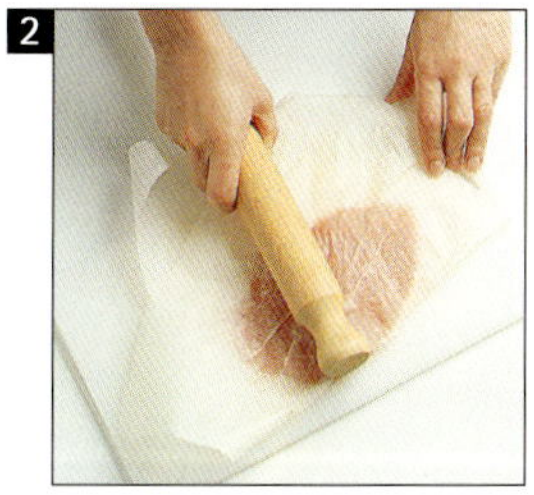
2

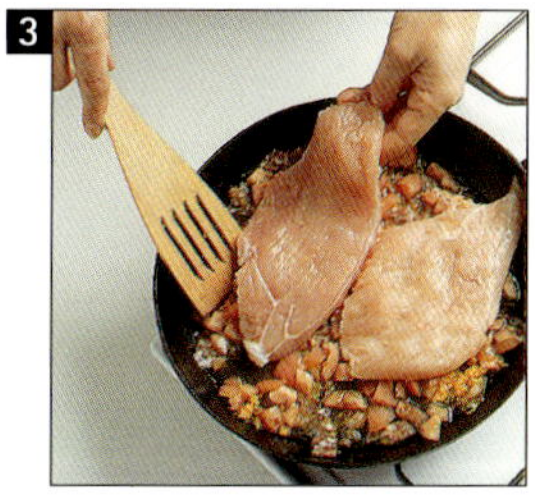
3

VARIATION

Ersetzen Sie die Schnitzel durch Minutensteaks. Sie benötigen eine Gesamtgarzeit von etwa 4–5 Minuten.

Würstchen mit Bohnen

In diesem Rezept aus der Toskana werden italienische Würste mit weißen Bohnen und Tomaten geschmort.

NÄHRWERTANGABEN

Kilokalorien 609	Zucker 7g
Eiweiß 27g	Fett 47g
Kohlenhydrate . .20g	davon gesättigt .16g

15 Min. 30 Min.

4 Personen

ZUTATEN

- 1 grüne Paprika
- 8 italienische Würstchen
- 1 EL Olivenöl
- 1 große Zwiebel, gehackt
- 2 Knoblauchzehen, zerdrückt
- 225 g frische Tomaten, gehäutet und gehackt, oder 400 g gehackte Tomaten aus der Dose
- 2 EL Pesto rosso
- 400 g weiße Bohnen aus der Dose
- Kartoffelpüree oder Reis, zum Servieren

1 Die Paprika entkernen und in Streifen schneiden.

2 Die Würstchen rundum mit einer Gabel einstechen. Dann unter einem vorgeheizten Backofengrill 10–12 Minuten von allen Seiten goldbraun rösten; dabei gelegentlich wenden. Anschließend beiseite stellen und warm halten.

3 Das Öl in einer großen Pfanne erhitzen. Zwiebel, Knoblauch und Paprika darin 5 Minuten unter gelegentlichem Rühren weich dünsten.

4 Die Tomaten zugeben und die Sauce 5 Minuten unter Rühren einkochen.

5 Pesto rosso und Bohnen einrühren und 4–5 Minuten in der Sauce kochen. Falls die Sauce zu dickflüssig werden sollte, 4–5 Esslöffel Wasser zufügen.

6 Die Würstchen und das Gemüse in eine Schüssel geben und wahlweise mit Kartoffelpüree oder Reis servieren.

TIPP

Italienische Würstchen sind sehr aromatisch und grobkörnig. Sie werden im Fachhandel oder in gut sortierten Lebensmittelläden angeboten. In diesem Rezept lassen sie sich nur durch Wildwürste ersetzen.

1

3

4

Wurst-Risotto mit Rosmarin

Traditionell wird dieser Risotto mit *luganega*, einer milden italienischen Wurst bereitet. Sie kann aber durch jede andere milde Sorte ersetzt werden.

NÄHRWERTANGABEN

Kilokalorien	630	Zucker	4g
Eiweiß	19g	Fett	34g
Kohlenhydrate	57g	davon gesättigt	15g

20 Min. 40 Min.

4–6 Personen

ZUTATEN

- 2 lange Rosmarinzweige, plus etwas mehr zum Garnieren
- 2 EL Olivenöl
- 4 EL Butter
- 1 große Zwiebel, fein gehackt
- 1 Selleriestange, fein gehackt
- 2 Knoblauchzehen, fein gehackt
- ½ TL getrockneter Thymian
- 450 g Schweinswürste, in 1 cm bereiten Scheiben
- 350 g Arborio- oder Carnaroli-Reis
- 125 ml fruchtiger Rotwein
- 1,3 l köchelnde Hühnerbrühe
- 80 g Parmesan, frisch gerieben
- Salz und Pfeffer

1 Die Rosmarinblätter von den Stielen streifen, fein hacken und zunächst beiseite stellen.

2 Das Öl und die Hälfte der Butter in einem großen Topf bei mittlerer Hitze erwärmen. Zwiebel und Sellerie zufügen und etwa 2 Minuten andünsten. Knoblauch, Thymian, Wurst und Rosmarin zufügen. Die Mischung 5 Minuten unter häufigem Rühren anbraten, bis die Wurst zu bräunen beginnt. Dann die Wurst aus dem Topf nehmen und beiseite stellen.

3 Den Reis zugeben und 2 Minuten unter häufigem Rühren glasig dünsten.

4 Den Rotwein zugießen. Er kocht brodelnd auf und verdunstet schnell. Eine Kelle (etwa 225 ml) der köchelnden Brühe zugießen und unter ständigem Rühren mit dem Reis vermengen, bis dieser sie aufgesogen hat.

5 Erneut eine halbe Kelle voll Brühe zugeben und vom Reis aufsaugen lassen. Erst danach die nächste halbe Kelle Brühe zugeben. Den Reis niemals trocken kochen. Der gesamte Vorgang dauert etwa 20–25 Minuten. Der fertige Risotto sollte eine sahnige Konsistenz besitzen, die Reiskörner sollten gar, aber noch bissfest sein.

6 Die vorbereitete Wurst in den Risotto geben und gründlich erwärmen. Den Risotto vom Herd nehmen, die restliche Butter und den Parmesan einrühren und alles mit Salz und Pfeffer abschmecken. Den Risotto abdecken und 1 Minute quellen lassen. Dann mit Rosmarin garnieren und servieren.

Makrelen escabeche

Auch wenn das Wort *escabeche* – „in Essig eingelegt" – spanischen Ursprungs ist, ist dieses Gericht im ganzen Mittelmeerraum populär.

NÄHRWERTANGABEN

Kilokalorien	750	Zucker	3g
Eiweiß	33g	Fett	63g
Kohlenhydrate	12g	davon gesättigt	11g

15 Min. 15 Min.

4 Personen

ZUTATEN

- 150 ml Olivenöl
- 4 Makrelen, filetiert
- 2 EL Mehl, mit Salz und Pfeffer gewürzt, zum Bestäuben
- 4 EL Rotweinessig
- 1 Zwiebel, in dünnen Ringen
- 1 Streifen Orangenschale, mit dem Sparschäler abgezogen
- 1 frischer Thymianzweig
- 1 frischer Rosmarinzweig
- 4 Knoblauchzehen, zerdrückt
- 1 Lorbeerblatt
- 2 frische rote Chillies, aufgeschnitten
- 1 TL Salz
- 3 EL frisch gehackte glatte Petersilie
- ofenfrischés Brot, zum Servieren

1

2

5

1 Die Hälfte des Olivenöls in einer großen Pfanne erhitzen und die Makrelenfilets mit dem Mehl bestäuben.

2 Den Fisch in mehreren Portionen in die Pfanne geben und von jeder Seite etwa 30 Sekunden braten.

3 Die Filets mit einem Pfannenwender vorsichtig nebeneinander in eine flache Auflaufform legen.

4 Essig, Zwiebel, Orangenschale, Thymian, Rosmarin, Knoblauch, Lorbeerblatt, Chillies und Salz in die Pfanne geben und das Gemüse etwa 10 Minuten bei geringer Hitze dünsten.

5 Das restliche Olivenöl und die Petersilie zugeben. Den Fisch mit der Zwiebel-Knoblauch-Mischung übergießen und zum Abkühlen beiseite stellen. Mit reichlich ofenfrischem Brot servieren.

VARIATION

Ersetzen Sie die Makrelen durch 12 ganze geputzte und geköpfte Sardinen. Auch Thunfischsteaks passen hervorragend zu diesem Rezept.

Cotriade

Für diesen französischen Eintopf werden Fisch und Gemüse in einer aromatischen Brühe gegart, die später als Beilagensuppe gereicht wird.

NÄHRWERTANGABEN

Kilokalorien	81	Zucker	0,9g
Eiweiß	7,4g	Fett	3,9g
Kohlenhydrate	3,8g	davon gesättigt	1,1g

15 Min. 45 Min.

6 Personen

ZUTATEN

- 1 Msp. Safran
- 600 ml heißer Fischfond
- 1 EL Olivenöl
- 2 EL Butter
- 1 Zwiebel, in Ringen
- 2 Knoblauchzehen, gehackt
- 1 Porreestange, in Scheiben
- 1 kleine Fenchelknolle, in dünnen Streifen
- 450 g Kartoffeln, grob gewürfelt
- 150 ml trockener Weißwein
- 1 EL frische Thymianblätter
- 2 Lorbeerblätter
- 4 reife Tomaten, gehäutet und gehackt
- 900 g gemischter Fisch wie Kabeljau, Seehecht, Makrele, Meeräsche, grob gehackt
- 2 EL frisch gehackte Petersilie
- Salz und Pfeffer
- ofenfrisches Brot, zum Servieren

1 Den Safran im Mörser zerstoßen, zum Fischfond geben, umrühren und darin 10 Minuten ziehen lassen.

2 Öl und Butter in einem großen Topf erhitzen und die Zwiebel unter ständigem Rühren 4–5 Minuten bei geringer Hitze glasig andünsten. Dann Knoblauch, Porree, Fenchel und Kartoffeln zugeben und abgedeckt 10–15 Minuten dünsten, bis das Gemüse gar ist.

3 Den Wein zugießen und 3–4 Minuten stark kochen, um ihn um die Hälfte zu reduzieren. Anschließend Thymian, Lorbeerblätter und Tomaten zugeben und sorgfältig die Mischung durchrühren. Dann den Fischfond zugießen, kurz aufkochen und abgedeckt 15 Minuten bei geringer Hitze köcheln lassen.

4 Den Fisch zugeben, erneut aufkochen und weitere 3–4 Minuten köcheln lassen. Die Petersilie einstreuen und mit Salz und Pfeffer abschmecken. Fisch und Gemüse mit einem Schaumlöffel herausheben, auf einen Teller geben und mit der Suppe und reichlich frischem Brot servieren.

1

2

4

VARIATION

Sobald Fisch und Gemüse gar sind, kann man die Suppe auch pürieren und durch ein Sieb streichen, sodass man eine cremige Fischsuppe erhält.

Marokkanisches Fisch-Tagin

Ein *tagin* – ein flacher irdener Topf mit konischem, oben geöffnetem Deckel – ist in Nordafrika das traditionelle Kochgefäß für Schmorgerichte.

NÄHRWERTANGABEN

Kilokalorien 188	Zucker 5g
Eiweiß 17g	Fett 11g
Kohlenhydrate . . .7g	davon gesättigt . .1g

15 Min. — 1 Std. 10 Min.

4 Personen

ZUTATEN

- 2 EL Olivenöl
- 1 große Zwiebel, fein gehackt
- 1 Msp. Safran
- ½ TL Zimt
- 1 TL gemahlener Koriander
- ½ TL gemahlener Kreuzkümmel
- ½ TL Kurkuma
- 200 g gehackte Tomaten aus der Dose
- 300 ml Fischfond
- 4 kleine Meeräschen, ausgenommen
- 50 g grüne Oliven, entsteint
- 1 EL gehackte eingelegte Zitrone
- 3 EL frisch gehackter Koriander
- Salz und Pfeffer
- Couscous, zum Servieren

2

3

4

1 Das Öl in einem Schmortopf erhitzen. Die Zwiebel zufügen und unter gelegentlichem Rühren 10 Minuten bei geringer Hitze weich dünsten, aber nicht bräunen. Safran, Zimt, Koriander, Kreuzkümmel und Kurkuma zugeben und unter ständigem Rühren 30 Sekunden mitdünsten.

2 Tomaten und Fischfond zugeben und gründlich unterrühren. Alles aufkochen, abdecken und 15 Minuten köcheln lassen. Anschließend den Deckel abnehmen und die Mischung weitere 20–35 Minuten köcheln lassen, bis die Sauce gut angedickt ist.

3 Die Meeräschen halbieren, in die Sauce geben und darin 5–6 Minuten mitköcheln, bis sie gerade gar sind.

4 Oliven, Zitrone und Koriander unterheben. Das fertige Gericht mit Salz und Pfeffer abschmecken und direkt aus dem Schmortopf mit Couscous servieren.

TIPP

Eingelegte Zitronen können Sie leicht selbst herstellen: Ein Einmachglas bis zum Rand mit geviertelten Zitronen und 4 Esslöffeln Meersalz pro Zitrone füllen. Den Saft einer weiteren Zitrone zugeben, die Mischung mit Wasser auffüllen und mindestens 1 Monat ziehen lassen.

Seehecht mit Chermoula

Die Kochzeit für dieses Gericht mag lang erscheinen, aber die Marokkaner lieben durchgegarten Fisch – gewiss stimmen Sie ihnen bald zu.

NÄHRWERTANGABEN

Kilokalorien	590	Zucker	1g
Eiweiß	42g	Fett	46g
Kohlenhydrate	2g	davon gesättigt	7g

1 Std. 5 Min. | 40 Min.

4 Personen

ZUTATEN

- 4 Seehechtsteaks (je 220 g)
- 115 g grüne Oliven, entsteint
- gekochte grüne Bohnen, zum Servieren

MARINADE

- 6 EL frisch gehackter Koriander
- 6 EL frisch gehackte Petersilie
- 6 Knoblauchzehen, zerdrückt
- 1 EL gemahlener Kreuzkümmel
- 1 TL gemahlener Koriander
- 1 EL Paprikapulver
- 1 Prise Cayennepfeffer
- 150 ml frisch gepresster Zitronensaft
- 300 ml Olivenöl

1 Sämtliche Zutaten für die Marinade in eine große Schüssel geben und gründlich verrühren. Den Fisch unter fließend kaltem Wasser abspülen und mit Küchenpapier trockentupfen. Dann die Fischsteaks in eine Auflaufform legen, mit der Marinade übergießen und mindestens 1 Stunde ziehen lassen, besser aber über Nacht.

2 Den marinierten Fisch mit den Oliven belegen und mit Alufolie abdecken.

3 Den Fisch in einem auf 160 °C vorgeheizten Backofen 35–40 Minuten backen, bis er weich ist. Dann auf Teller verteilen und sofort servieren. Als Beilage frisch gekochte grüne Bohnen reichen.

1

2

3

VARIATION

Den Fisch aus der Marinade nehmen und in gewürztem Mehl wenden. In Öl oder Butter goldbraun braten. Die Marinade erwärmen und als Sauce zusammen mit Zitronenscheiben reichen.

Seebarsch mit Artischocken

Diese Kombination aus mit Olivenöl, Knoblauch, Thymian und Zitrone verfeinerten Artischoken und zartem Seebarschfilet ist unwiderstehlich.

NÄHRWERTANGABEN

Kilokalorien	400	Zucker	3g
Eiweiß	28g	Fett	30g
Kohlenhydrate	7g	davon gesättigt	5g

30 Min. | 30 Min.

6 Personen

ZUTATEN

- 1,8 kg kleine Artischocken
- $2^1/_2$ EL frisch gepresster Zitronensaft, plus die ausgepressten Zitronenhälften
- 150 ml Olivenöl
- 10 Knoblauchzehen, in dünnen Scheiben
- 1 EL frischer Thymian, plus etwas mehr zum Garnieren
- Salz und Pfeffer
- 6 Seebarschfilets (je 115 g)
- ofenfrisches Brot, zum Servieren

1 Die harten äußeren Blätter der Artischocken entfernen, bis das gelbgrüne Herz zum Vorschein kommt. Das obere Drittel des Blütenkopfs parallel zur Basis abschneiden. Anschließend den Stiel abschneiden und alle am unteren Teil der Artischocken verbliebenen grünen Blätter entfernen.

2 Die Artischockenherzen mit den Zitronenhälften in kaltes Wasser legen, damit sie nicht braun werden. Die Herzen anschließend in Scheiben schneiden.

3 Das Olivenöl in einem großen Topf erhitzen und Artischockenherzen, Knoblauch, Thymian und Zitronensaft zugeben. Die Artischocken mit Salz und Pfeffer würzen, dann abgedeckt 20–30 Minuten bei geringer Hitze dünsten, ohne dass sie zu bräunen beginnen.

4 Inzwischen die Fischfilets mit dem restlichen Olivenöl bestreichen und kräftig mit Salz und Pfeffer würzen. Anschließend die Filets 3–4 Minuten von jeder Seite in einer heißen Grillpfanne oder über heißen Holzkohlen grillen.

5 Die gedünsteten Artischockenherzen auf vorgewärmte Teller verteilen und mit je einem Seebarschfilet belegen. Mit gehacktem Thymian garnieren und sofort mit viel ofenfrischem Brot servieren.

1

2

4

VARIATION

Auf die hier beschriebene Weise zubereitet harmonieren Artischocken auch gut mit Kabeljau, Heilbutt und Lachs.

Seebarsch mit Ratatouille

Für dieses Gericht wird Seebarschfilet auf einem aromatischen Ratatouille-Bett angerichtet und mit einem Basilikumdressing verfeinert.

NÄHRWERTANGABEN

Kilokalorien 373	Zucker 9g
Eiweiß 42g	Fett 18g
Kohlenhydrate . .10g	davon gesättigt . .3g

45 Min. 1 Std.

4 Personen

ZUTATEN

2 große Seebarsche, filetiert

Salz und Pfeffer

Olivenöl, zum Bestreichen

RATATOUILLE

1 große Aubergine

2 Zucchini

1 EL Meersalz

4 EL Olivenöl

1 Zwiebel, grob gehackt

2 Knoblauchzehen, zerdrückt

½ rote Paprika, entkernt und grob gehackt

½ grüne Paprika, entkernt und grob gehackt

Salz und Pfeffer

2 große reife Tomaten, gehäutet und gehackt

1 EL frisch gehacktes Basilikum

DRESSING

5 EL frisch gehacktes Basilikum

2 Knoblauchzehen, grob gehackt

4 EL Olivenöl

1 EL Zitronensaft

Salz und Pfeffer

1

2

1 Für die Ratatouille die Aubergine und die Zucchini in ähnlich große Stücke schneiden wie die Paprika und die Zwiebel. Dann die Auberginen- und Zucchinistücke in einem Sieb mit Salz bestreuen und etwa 30 Minuten abtropfen lassen. Anschließend das Gemüse unter fließend kaltem Wasser gut abspülen und mit Küchenpapier sorgfältig trockentupfen.

2 Das Öl in einem großen Topf erhitzen und Zwiebel und Knoblauch 10 Minuten bei geringer Hitze glasig dünsten. Paprika, Aubergine und Zucchini zugeben, alles salzen, pfeffern und gut verrühren. Das Gemüse abdecken und 30 Minuten leicht köcheln lassen, bis es gar ist. Dann die Tomaten zugeben und alles weitere 15 Minuten köcheln lassen.

3 In der Zwischenzeit das Dressing zubereiten. Dazu Basilikum, Knoblauch und die Hälfte des Olivenöls in einem Mixer glatt pürieren. Anschließend das restliche Olivenöl und den Zitronensaft zufügen und alles mit Salz und Pfeffer würzen.

4 Die Fischfilets würzen und mit etwas Öl bestreichen. Eine Pfanne stark erhitzen und den Fisch mit der Haut nach unten 2–3 Minuten darin braten, bis die Haut knusprig braun ist. Anschließend den Fisch wenden und weitere 2–3 Minuten braten, bis er gar ist.

5 Die Ratatouille mit dem Basilikum vermengen und auf Teller verteilen. Den Fisch darauf anrichten und mit dem Dressing beträufeln. Sofort servieren.

Thunfisch mit Orangenbutter

Thunfisch besitzt genug Eigengeschmack, um dem kräftigen Aroma der Sardellen standzuhalten. Eine Reispfanne ist eine ideale Beilage hierzu.

NÄHRWERTANGABEN

Kilokalorien 564	Zucker 0g
Eiweiß 5,5g	Fett 38g
Kohlenhydrate ...0g	davon gesättigt .19g

30 Min. 20 Min.

4 Personen

ZUTATEN

Olivenöl
4 Thunfischsteaks (je 225 g und 2 cm dick)
Salz und Pfeffer

SARDELLEN-ORANGEN-BUTTER

8 eingelegte Sardellenfilets, abgetropft
1 EL fein abgeriebene Orangenschale
4 Frühlingszwiebeln, fein gehackt
115 g weiche Butter
¼ TL Zitronensaft
Pfeffer

GARNIERUNG

frische glatte Petersilienzweige
Orangenzesten

1 Für die Sardellen-Orangen-Butter die Sardellen sehr fein hacken und zusammen mit Orangenschale, Frühlingszwiebeln und Butter in einer Schüssel zu einer glatten Masse verrühren. Dann mit Zitronensaft und Pfeffer würzen.

2 Die Buttermischung auf ein Stück Backpapier geben und zu einer Rolle formen. Die Enden verschließen und die Rolle 15 Minuten ins Gefrierfach legen, damit sie fest wird.

3 Für den Thunfisch eine Grillpfanne stark erhitzen. Die Pfanne mit Öl einpinseln und die Steaks, falls nötig portionsweise, 2 Minuten darin anbraten. Dann wenden und weitere 2 (medium) bis 4 Minuten (durchgebraten) braten. Anschließend mit Salz und Pfeffer würzen.

4 Die Steaks auf vorgewärmte Teller geben und mit je 2 dünnen Scheiben der vorbereiteten Butter belegen. Mit Petersilie und Orangenzesten garniert servieren.

1

2

3

VARIATION

Wenn Sie es gerne scharf mögen, geben Sie eine Messerspitze Chili in die Butter.

Malteser Schwertfisch

Das feste Fleisch des Schwertfischs lässt sich sehr gut grillen. In Backpapier gedünstet schmeckt der Fisch jedoch ebenso hervorragend.

NÄHRWERTANGABEN

Kilokalorien 303	Zucker 10g
Eiweiß 34g	Fett 13g
Kohlenhydrate ..13g	davon gesättigt ..3g

15 Min. 25 Min.

4 Stück

ZUTATEN

- 1 EL Fenchelsamen
- 2 EL natives Olivenöl extra, plus etwas mehr zum Bestreichen und Beträufeln
- 2 große Zwiebeln, in dünnen Ringen
- 1 kleine Knoblauchzehe, zerdrückt
- 4 Schwertfischsteaks (je 175 g)
- 1 große Zitrone, halbiert
- 2 große reife Tomaten, fein gehackt
- 4 frische Thymianzweige
- Salz und Pfeffer

1 Die Fenchelsamen in einer trockenen Pfanne bei mittlerer Hitze unter Rühren rösten, bis sie zu duften beginnen. Sie dürfen nicht anbrennen. Dann rasch aus der Pfanne nehmen und auf einen Teller legen. Zunächst beiseite stellen.

2 Das Olivenöl in einer Pfanne erhitzen. Die Zwiebeln zugeben und unter gelegentlichem Rühren 5 Minuten glasig dünsten. Anschließend den Knoblauch zufügen und weitergaren, bis die Zwiebeln sehr weich sind, aber noch nicht zu bräunen beginnen. Vom Herd nehmen.

3 Aus Backpapier 4 Kreise mit einem Durchmesser von je 30 cm schneiden. Jeden Papierkreis in der Mitte mit Olivenöl bestreichen. Die Zwiebeln gleichmäßig auf die Kreise verteilen und so auslegen, dass sie eine Fläche von der Größe der Fischsteaks bedecken.

4 Die Steaks auf die Zwiebelmasse legen. Die Zitrone über den Steaks ausdrücken und etwas Olivenöl darüber sprenkeln. Die Tomaten und je 1 Thymianzweig darauf verteilen, alles salzen und pfeffern.

5 Die Papierkreise gut verschließen, sodass kein Saft austreten kann. Auf ein Backblech legen und 20 Minuten in einem auf 200 °C vorgeheizten Backofen garen.

6 Um zu testen, ob der Fisch gar ist, ein Paket öffnen und das Fleisch behutsam mit einem Messer zerteilen. Es muss leicht zerfallen. In den Papierhüllen servieren.

Seebarbe mit Fenchel

Der im gesamten Mittelmeerraum wild wachsende Thymian verleiht diesem Gericht ein charakteristisches Aroma.

NÄHRWERTANGABEN

Kilokalorien	320	Zucker	8g
Eiweiß	37g	Fett	16g
Kohlenhydrate	9g	davon gesättigt	1g

25 Min. 35 Min.

4 Personen

ZUTATEN

- 3 EL Olivenöl, plus etwas mehr zum Bestreichen
- 3 große rote Paprika, entkernt und in dünnen Streifen
- 2 große Fenchelknollen, in Streifen
- 1 große Knoblauchzehe, zerdrückt
- 8 frische Thymianzweige, plus etwas mehr zum Garnieren
- 20–24 eingelegte Weinblätter
- 1 Zitrone
- 4 Seebarben (je 225 g), geschuppt und ausgenommen
- Salz und Pfeffer

1 Das Öl in einer großen Pfanne bei mittlerer Hitze erwärmen. Dann Paprika, Fenchel, Knoblauch und 4 Thymianzweige einrühren und 20 Minuten unter gelegentlichem Rühren kochen, bis das Gemüse sehr weich, aber nicht gebräunt ist.

2 In der Zwischenzeit die Weinblätter sorgfältig waschen und mit Küchenpapier trockentupfen. Anschließend von der Zitrone 4 dünne Scheiben abschneiden und jede halbieren. Die Schale von der restlichen Zitrone fein abreiben.

3 Die Seebarben mit den Zitronenscheiben und den restlichen Thymianzweigen füllen. Die Fische mit etwas Olivenöl bestreichen, die abgeriebene Zitronenschale darüber streuen und kräftig mit Salz und Pfeffer würzen.

4 Je nach Größe der Seebarben die Fische mit 5 oder 6 Weinblättern vollständig einwickeln und auf das Gemüse legen. Die so vorbereiteten Barben bei mittlerer Hitze und mit geschlossenem Deckel 12–15 Minuten kochen, bis der Fisch weich und gar ist. Mit einem Messer behutsam testen, ob er leicht zerfällt.

5 Den fertig gegarten Fisch auf Teller verteilen und das Gemüse daneben anrichten. Mit Thymianzweigen garnieren und servieren.

Jakobsmuscheln in Sauce

An der Riviera wird dieses Gericht nur in den exklusivsten Lokalen serviert. Obwohl es sehr aufwändig wirkt, ist es erstaunlich leicht zuzubereiten.

NÄHRWERTANGABEN

Kilokalorien	504	Zucker	3g
Eiweiß	10	Fett	49g
Kohlenhydrate	4g	davon gesättigt	31g

20 Min. 5 Min.

4 Personen

ZUTATEN

- 1 große Msp. Safran
- 60 g Butter
- 20 große Jakobsmuscheln, geschält und dabei austretender Saft aufgefangen
- 4 EL trockener Champagner oder Sekt
- 300 g Crème double
- ½ Zitrone
- Salz und Pfeffer
- frische glatte Petersilienzweige, zum Garnieren

1 Eine große beschichtete Pfanne erhitzen. Den Safran darin rösten, bis er zu duften beginnt. Dann rasch auf einen Teller geben und beiseite stellen.

2 Die Hälfte der Butter in der Pfanne zerlassen. Dann die Hälfte der Jakobsmuscheln zugeben und 2 Minuten braten. Anschließend die Muscheln wenden und weitere 1½–2 Minuten braten, bis sie gar sind. Zum Testen eine Muschel herausnehmen und durchschneiden, sie muss vollkommen weiß sein (siehe Tipp).

3 Die Muscheln auf einen Teller geben und warm halten. Dann die restlichen Muscheln auf die gleiche Weise braten und eventuell noch etwas Butter zugeben.

4 Den Safran zum Kochsud geben. Dann Champagner, Crème double und den aufgefangenen Muschelsaft einrühren. Alles aufkochen, die Hitze leicht reduzieren und etwa 10 Minuten kochen, bis die reduzierte Sauce so dickflüssig ist, dass sie an einem Löffelrücken haften bleibt.

5 Mit frisch gepresstem Zitronensaft, Salz und Pfeffer abschmecken. Dann die Muscheln wieder in die Pfanne geben und unter Rühren durchwärmen. Auf Teller verteilen, mit Petersilie garniert servieren.

TIPP

Die genaue Kochzeit hängt hauptsächlich von der Dicke der Muscheln ab. Dünnere Muscheln sollten Sie nicht länger als 1½ Minuten braten, da sie sonst zäh werden.

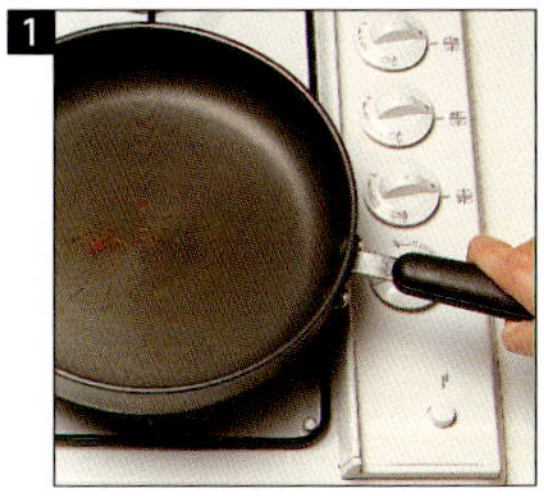

Pasta mit Brokkoli & Sardellen

Orecchiette, eine muschelförmige Pastasorte aus Süditalien, eignet sich für dieses Gericht ganz besonders, da sie die Sauce gut aufnimmt.

NÄHRWERTANGABEN

Kilokalorien 685	Zucker 4g
Eiweiß 33g	Fett 29g
Kohlenhydrate . .78g	davon gesättigt . .9g

15 Min. 25 Min.

4 Personen

ZUTATEN

- 500 g Brokkoli
- 400 g Orecchiette
- 5 EL Olivenöl
- 2 große Knoblauchzehen, zerdrückt
- 50 g eingelegte Sardellenfilets, abgetropft und fein gehackt
- 60 g Parmesan
- 60 g Pecorino
- Salz und Pfeffer

1 Salzwasser in 2 Töpfen zum Kochen bringen. Brokkoliröschen und -stiele in mundgerechte Stücke schneiden. Das Gemüse in einen Topf geben und kochen, bis es sehr weich ist. Abgießen und zunächst beiseite stellen.

VARIATION

In Schritt 3 können Sie dem Knoblauch auch Chilipulver zufügen. Statt mit Orecchiette können Sie das Gericht auch mit Muschelnudeln zubereiten.

2 Die Nudeln in den anderen Topf mit kochendem Wasser geben und gemäß Packungsanweisung *al dente* kochen.

3 In der Zwischenzeit das Öl in einer großen Pfanne bei mittlerer Hitze erwärmen. Den Knoblauch zufügen und unter Rühren 3 Minuten dünsten, ohne ihn zu bräunen. Dann die Sardellen zufügen und weitere 3 Minuten garen. Die Sardellenstücke dabei mit einem Holzlöffel weiter zerdrücken. Parmesan und Pecorino reiben.

4 Die fertig gekochten Nudeln abgießen und zu den Sardellen geben. Den Brokkoli zufügen und alles gut mischen.

5 Parmesan und Pecorino zufügen und bei mittlerer Hitze unter ständigem Rühren allmählich schmelzen lassen.

6 Noch einmal abschmecken – Sardellen und Käse sind sehr salzig, eventuell Pfeffer zugeben. In Schalen oder Teller füllen und sofort servieren.

Pasta mit Thunfisch & Zitrone

Fusilli sind für dieses Gericht besonders geeignet, da die cremige Sauce in ihren Windungen wunderbar haften bleibt.

NÄHRWERTANGABEN

Kilokalorien 891	Zucker 6g
Eiweiß 27g	Fett 55g
Kohlenhydrate . .77g	davon gesättigt .31g

10 Min. 20 Min.

4 Personen

ZUTATEN

- 400 g Fusilli
- 60 g Butter, gewürfelt
- 300 g Crème double
- 4 EL Zitronensaft
- 1 EL abgeriebene Zitronenschale
- ½ TL Sardellenpaste
- 200 g eingelegter Thunfisch, abgetropft und klein gezupft
- Salz und Pfeffer

GARNIERUNG

- 2 EL frisch gehackte Petersilie
- Zitronenzesten

1 Die Fusilli in einem großen Topf mit leicht gesalzenem, kochendem Wasser *al dente* kochen. Anschließend abgießen und warm halten.

2 Die Butter in einer großen Pfanne zerlassen. Crème double und Zitronensaft einrühren und unter Rühren 2 Minuten köcheln lassen, bis die Sauce etwas eingedickt ist. Dann die Zitronenschale und die Sardellenpaste zufügen.

3 Die Sauce über die warm gehaltenen Nudeln gießen und gründlich unterheben. Anschließend den Thunfisch zugeben und ebenfalls unterheben.

4 Das fertige Gericht mit Salz und Pfeffer abschmecken, sofort auf 4 Teller verteilen und mit Petersilie und Zitronenzesten garnieren. Frisch gemahlenen Pfeffer darüber streuen und die Nudeln noch heiß servieren.

2

3

3

Spaghetti mit Sardellenpesto

Dieses Gericht ist ideal für Eilige, denn es kann in Minutenschnelle auf den Tisch gebracht werden.

NÄHRWERTANGABEN

Kilokalorien	712	Zucker	4g
Eiweiß	25g	Fett	34g
Kohlenhydrate	81g	davon gesättigt	8g

10 Min. 20 Min.

4 Personen

ZUTATEN

- 90 ml Olivenöl
- 2 Knoblauchzehen, zerdrückt
- 60 g eingelegte Sardellenfilets, abgetropft
- 450 g Spaghetti
- 60 g Pesto (siehe Seite 21)
- 2 EL frisch gehackter Oregano
- Salz und schwarzer Pfeffer
- 85 g frisch geriebener Parmesan, plus etwas mehr zum Servieren
- 2 frische Oreganozweige, zum Garnieren

1 In einem kleinen Topf 1 Esslöffel Olivenöl erhitzen und den Knoblauch darin 3 Minuten dünsten.

2 Die Hitze reduzieren, die Sardellen in den Topf geben und unter gelegentlichem Rühren braten, bis die Fischfilets auseinander fallen.

3 Salzwasser in einem großen Topf zum Kochen bringen. Die Spaghetti mit dem restlichen Olivenöl *al dente* kochen.

4 Pesto und Oregano zur Sardellenmischung geben und alles mit Salz und Pfeffer abschmecken.

5 Die fertig gekochten Spaghetti gründlich abtropfen lassen und in eine vorgewärmte Schüssel geben. Dann die Sauce über die Nudeln gießen und alles mit Parmesan bestreuen.

6 Die fertigen Spaghetti mit Sardellenpesto und Oreganozweigen garnieren und nach Belieben mit zusätzlichem Parmesan servieren.

TIPP

Wenn Ihnen die Sardellen zu salzig sind, legen Sie sie 5 Minuten in eine Schale mit kalter Milch. Lassen Sie sie vor der weiteren Verarbeitung abtropfen und tupfen Sie sie mit Küchenpapier trocken. Die Milch entzieht den Sardellen das Salz.

1

2

4

Italienischer Kabeljau

Mit einem knackigen Salat serviert, wird aus diesem schlichten gerösteten Kabeljau mit Kräuter-Walnuss-Kruste ein delikates Hauptgericht.

NÄHRWERTANGABEN

Kilokalorien	313	Zucker	0,4g
Eiweiß	29g	Fett	20g
Kohlenhydrate	6g	davon gesättigt	5g

10 Min. 35 Min.

4 Personen

ZUTATEN

- 25 g Butter
- 50 g Vollkornsemmelbrösel
- 25 g Walnüsse, gehackt
- abgeriebene Schale und Saft von 2 Zitronen
- 2 EL frisch gezupfter Rosmarin
- 2 EL frisch gehackte Petersilie
- 4 Kabeljaufilets (je 150 g)
- 1 Knoblauchzehe, zerdrückt
- 1 kleine rote Chili, gewürfelt
- 3 EL Walnussöl
- Salatblätter, zum Servieren

1 Die Butter in einer Pfanne zerlassen. Die Pfanne vom Herd nehmen und Semmelbrösel, Nüsse, Saft sowie die Hälfte der Zitronenschale, des Rosmarin und der Petersilie mit der Butter verrühren.

2 Die Filets mit dieser Mischung bestreichen und in einen flachen Bräter legen.

3 Die Filets 25–30 Minuten in einem auf 200 °C vorgeheizten Backofen backen.

4 Knoblauch, Chili und den Rest von Rosmarin, Petersilie, Zitronensaft und -schale in einer Schüssel mischen. Das Walnussöl zugeben und gut unterrühren. Dieses Dressing über die Filets geben.

5 Die fertigen Kabeljaufilets auf Teller verteilen und sofort servieren.

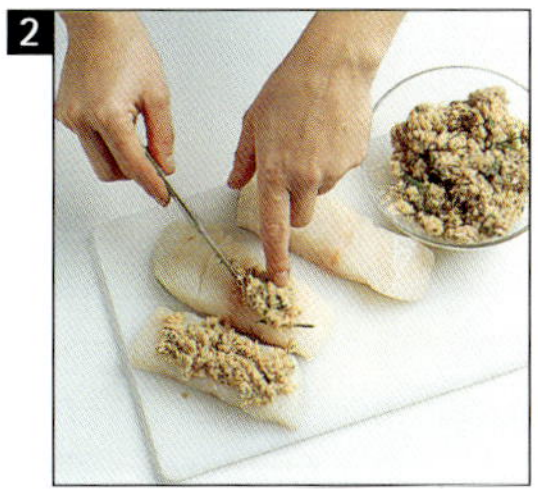

VARIATION

Wer keine Walnüsse mag, kann das Gericht auch ohne zubereiten. Das Walnussöl lässt sich durch Olivenöl ersetzen.

Hummer-Risotto

Hummer ist ein kostspieliges Vergnügen, doch dieser Risotto bringt seinen Geschmack so gut zur Geltung, dass Sie es sich leisten sollten.

NÄHRWERTANGABEN

Kilokalorien 688	Zucker 3g
Eiweiß 32g	Fett 31g
Kohlenhydrate . .69g	davon gesättigt .16g

10 Min. 40 Min.

4 Personen

ZUTATEN

- 1 EL Öl
- 60 g Butter
- 2 Schalotten, fein gehackt
- 300 g Arborio- oder Carnaroli-Reis
- ½ TL Cayennepfeffer, nach Belieben mehr
- 80 ml trockener weißer Wermutwein
- 1,5 l köchlender Muschelsud, köchelnder Fischfond oder köchelnde Hühnerbrühe
- 220 g Kirschtomaten, geviertelt und entkernt
- 2–3 EL Crème double oder Schlagsahne
- 450 g Hummerfleisch, grob gewürfelt
- 2 EL frisch gehackter Kerbel oder Dill
- Salz und weißer Pfeffer

1 Das Öl und die Hälfte der Butter in einem großen Topf bei mittlerer Hitze erwärmen. Die Schalotten zugeben und etwa 2 Minuten weich dünsten. Reis und Cayennepfeffer zugeben und 2 Minuten unter Rühren glasig dünsten.

2 Den Wermutwein zugießen. Er kocht brodelnd auf und verdunstet schnell. Eine Kelle (etwa 225 ml) der köchelnden Brühe zugießen und ständig rühren, bis der Reis sie aufgenommen hat.

3 Weiter jeweils eine halbe Kelle der Brühe zugeben und vom Reis aufsaugen lassen. Erst danach die nächste halbe Kelle Brühe zugeben. Der Reis darf niemals trocken kochen. Dieser Vorgang dauert 20–25 Minuten. Der fertige Risotto sollte eine sahnige Konsistenz besitzen, die Reiskörner sollten zart, aber noch bissfest sein.

4 Die Tomaten und die Sahne einrühren und 2 Minuten mitkochen.

5 Das Hummerfleisch, die restliche Butter sowie Kerbel oder Dill zugeben und alles kurz durchwärmen. Mit Salz und Pfeffer abschmecken und sofort servieren.

1

4

5

Thunfischsalat Nizza

Diese Variante des klassischen französischen *salade niçoise* ist sehr sättigend. Servieren Sie ihn als leichtes Mittagsmahl oder Abendessen.

NÄHRWERTANGABEN

Kilokalorien 109	Zucker 1,1g
Eiweiß 7,2g	Fett 7,0g
Kohlenhydrate ..4,8g	davon gesättigt .1,2g

10 Min. 20 Min.

4 Personen

ZUTATEN

- 4 Eier
- 450 g neue Kartoffeln
- 115 g kleine grüne Bohnen, halbiert
- 2 Thunfischsteaks (je 175 g)
- 6 EL Olivenöl, plus etwas mehr zum Bestreichen
- Salz und Pfeffer
- 1 Knoblauchzehe, zerdrückt
- 1½ TL Dijon-Senf
- 2 TL Zitronensaft
- 2 EL frisch gehacktes Basilikum
- 2 kleine Köpfe Eisbergsalat
- 200 g Kirschtomaten, halbiert
- 180 g Salatgurke, geschält, halbiert und in Scheiben
- 50 g schwarze Oliven, entsteint
- 50 g eingelegte Sardellenfilets, abgetropft

1 Die Eier in einen kleinen Topf mit kochendem Wasser geben und 7–9 Minuten kochen (7 Minuten für einen weichen, 9 Minuten für einen harten Dotter). Abgießen, unter fließend kaltem Wasser abschrecken und beiseite stellen.

2 Die Kartoffeln in einen großen Topf mit kochendem Salzwasser geben und darin 10–15 Minuten garen. 3 Minuten vor Ende der Garzeit die Bohnen zugeben. Die Kartoffeln und Bohnen gut abgießen und unter fließend kaltem Wasser abschrecken. Dann erneut gründlich abtropfen lassen.

3 Die Thunfischsteaks waschen und sorgfältig trockentupfen. Die Steaks von beiden Seiten mit ein wenig Olivenöl bestreichen, salzen und pfeffern. Dann in einer heißen Grillpfanne 2–3 Minuten von jeder Seite braten, sodass sie gar, aber in der Mitte noch rosa sind.

4 Knoblauch, Senf, Zitronensaft und Basilikum verrühren. Abschmecken und das Olivenöl zugeben.

5 Die Salatblätter trennen, in große Stücke zupfen und in eine Salatschüssel geben. Kartoffeln, Bohnen, Tomaten, Gurke und Oliven darüber geben und kurz durchheben. Die Eier schälen, längs vierteln und mit den Sardellen dekorativ auf dem Salat anrichten.

6 Die Thunfischsteaks zerkleinern und auf dem Salat anrichten. Dann mit dem Dressing übergießen und servieren.

3

5

Salat mit Ziegenkäse

Für diesen köstlichen provenzalischen Imbiss werden heißer Ziegenkäse und Kräuter-Croûtes auf einem knackigen Salatbett angerichtet.

NÄHRWERTANGABEN

Kilokalorien	509	Zucker	3g
Eiweiß	18g	Fett	33g
Kohlenhydrate	35g	davon gesättigt	10g

15 Min. 10 Min.

4 Personen

ZUTATEN

250 g gemischte Salatblätter, z. B. Rucola, Feldsalat oder Chicorée

DRESSING

- 6 EL natives Olivenöl extra
- 3 EL Rotweinessig
- ½ TL Zucker
- ½ TL Dijon-Senf
- Salz und Pfeffer

CROÛTES

- 12 Scheiben Baguette, plus etwas mehr zum Servieren
- natives Olivenöl extra, zum Bestreichen und Beträufeln
- 12 dünne Scheiben provenzalischer Ziegenkäse, z. B. Picodon
- frische fein gehackte Kräuter, z. B. Rosmarin, Thymian oder Oregano

1 Die Salatblätter waschen und trockentupfen. In Küchenpapier einwickeln und in einen Gefrierbeutel geben. Dann fest verschließen und kalt stellen.

2 Für das Dressing alle Zutaten in ein Schraubglas füllen, das Glas verschließen und kräftig schütteln. Anschließend mit Salz und Pfeffer abschmecken und erneut schütteln. Beiseite stellen.

3 Für die Croûtes die Baguettescheiben beidseitig rösten, bis sie knusprig sind. Je eine Seite des noch warmen Brots mit etwas Olivenöl bestreichen.

4 Die Croûtes auf einem Backblech verteilen und jedes mit einer Scheibe Käse belegen. Die Kräuter über den Käse streuen und Olivenöl darauf träufeln. In einem auf 180 °C vorgeheizten Backofen etwa 5 Minuten backen.

5 In der Zwischenzeit die Salatblätter in eine Schüssel geben. Das Dressing kurz schütteln, über den Salat gießen und gut untermischen. Den fertigen Salat auf Teller verteilen.

6 Die heißen Croûtes auf den Salat legen und diesen mit zusätzlichem Baguette servieren.

2

4

5

Hummersalat

Hummer sind an der Mittelmeerküste so teuer wie überall auf der Welt. Daher sollten Sie ihn stets möglichst einfach zubereiten.

NÄHRWERTANGABEN

Kilokalorien 487	Zucker 2g
Eiweiß 24g	Fett 42g
Kohlenhydrate . . .2g	davon gesättigt . .6g

15 Min. 6 Min.

2 Personen

ZUTATEN

2 rohe Hummerschwänze

ZITRONEN-DILL-MAYONNAISE

1 große Zitrone
1 großes Eigelb
½ TL Dijon-Senf
150 ml Olivenöl
Salz und Pfeffer
1 EL frisch gehackter Dill

GARNIERUNG

Radicchioblätter
Zitronenspalten
frische Dillzweige

1 Für die Zitronen-Dill-Mayonnaise die Schale von der Zitrone abreiben und den Saft auspressen. Das Eigelb in einer kleinen Schüssel mit dem Senf und 1 Teelöffel Zitronensaft gut verrühren.

2 Die Eimasse mit dem Mixer oder Schneebesen verquirlen und das Olivenöl tropfenweise zugießen, bis eine dickflüssige Mayonnaise entsteht. Die Hälfte der Zitronenschale und 1 Esslöffel Saft unterrühren.

3 Mit Salz, Pfeffer und eventuell etwas mehr Zitronensaft abschmecken. Den Dill einrühren, alles mit Frischhaltefolie abdecken und kalt stellen.

4 Salzwasser in einem großen Topf zum Kochen bringen. Die Hummerschwänze zugeben und 6 Minuten kochen, bis das Fleisch weiß und die Schalen rot werden. Sofort abgießen und vollständig auskühlen lassen.

5 Das Hummerfleisch von den Schalen lösen und in mundgerechte Stücke schneiden. Teller mit Radicchioblättern auslegen und den Hummer darauf verteilen. An den Rand je 1 Esslöffel Zitronen-Dill-Mayonnaise geben. Mit Zitronenspalten und Dillzweigen garnieren und servieren.

4

4

5

Ratatouille

Dieser provenzalische Eintopf muss langsam gegart werden. Er kann als Beilage oder mit knusprigem Brot als Hauptspeise gereicht werden.

NÄHRWERTANGABEN

Kilokalorien 157	Zucker 11g
Eiweiß 4g	Fett 9g
Kohlenhydrate ..14g	davon gesättigt ..1g

40 Min. 55 Min.

4–6 Personen

Z U T A T E N

- 1 große Aubergine (300 g)
- 5 EL Olivenöl
- 2 große Zwiebeln, in dünnen Ringen
- 2 große Knoblauchzehen, zerdrückt
- 2 Zucchini, in Scheiben
- 800 g gehackte Tomaten aus der Dose
- 1 TL Zucker
- 1 Bouquet garni aus je 2 frischen Thymian- und Petersilienzweigen, 1 Basilikumzweig und 1 Lorbeerblatt, festgebunden an einem 7,5-cm-Stück Sellerie
- Salz und Pfeffer
- frische Basilikumblätter, zum Garnieren

1 Die Aubergine grob würfeln und in einen Durchschlag geben. Mit Salz bestreuen und 30 Minuten ziehen lassen. Dann gut abspülen und trockentupfen.

2 Das Öl bei mittlerer Hitze in einem großen Topf erwärmen. Anschließend die Hitze reduzieren, die Zwiebeln zufügen und unter ständigem Rühren etwa 10 Minuten dünsten.

3 Den Knoblauch zu den Zwiebeln in den Topf geben und alles weitere 2 Minuten dünsten, bis die Zwiebeln weich und leicht gebräunt sind.

4 Aubergine, Zucchini, Tomaten, Saft, Zucker und Bouquet garni zugeben. Mit Salz und Pfeffer würzen, kurz aufkochen, die Hitze reduzieren und das Gemüse abgedeckt 30 Minuten köcheln lassen.

5 Das fertige Gericht mit Salz und Pfeffer abschmecken. Das Bouquet garni entfernen. Das Gemüse in eine Schüssel füllen, mit Basilikum garnieren und servieren.

1

2

4

TIPP

Dieses Gericht schmeckt heiß, kalt oder sogar gut gekühlt. Anstelle von knusprigem Brot können Sie auch gekochten Couscous dazu reichen.

Glasierte Perlzwiebeln

Diese Zwiebeln werden in einer sehr geschmacksintensiven Sauce gegart und ergeben eine hervorragende Beilage für Grillgerichte.

NÄHRWERTANGABEN

Kilokalorien 81	Zucker 8g
Eiweiß 1g	Fett 4g
Kohlenhydrate . .11g	davon gesättigt . .1g

10 Min. 25 Min.

4–6 Personen

ZUTATEN

- 500 g kleine Zwiebeln
- 2 EL Olivenöl
- 2 große Knoblauchzehen, zerdrückt
- 300 ml Gemüse- oder Hühnerbrühe
- 1 EL frisch gehackter Thymian
- 1 EL brauner Zucker
- 2 EL Rotweinessig
- ½ EL Balsamico-Essig
- Salz und Pfeffer
- frische Thymianzweige, zum Garnieren

1 Die Zwiebeln in eine große Schüssel geben und mit kochendem Wasser übergießen. 2 Minuten ziehen lassen, anschließend abgießen.

2 Die braune Außenhaut der Zwiebeln mit einem Messer abziehen.

3 Das Öl bei mittlerer Hitze in einer Pfanne erwärmen. Die Zwiebeln zufügen und unter Rühren 8 Minuten dünsten, bis sie von allen Seiten goldbraun sind.

4 Den Knoblauch zufügen und alles weitere 2 Minuten unter gelegentlichem Rühren dünsten. Dann Brühe, Thymian, Zucker und Rotweinessig zugeben und so lange rühren, bis sich der Zucker gelöst hat.

5 Die Mischung aufkochen. Dann die Hitze reduzieren und alles 10 Minuten köcheln lassen, bis die Zwiebeln so weich sind, dass sie unter leichtem Druck mit einer Messerspitze nachgeben. Der Sud sollte zu Sirup reduziert sein.

6 Den Balsamico-Essig einrühren und die Zwiebeln mit Salz und Pfeffer würzen. Nach Belieben noch etwas mehr Balsamico zugeben. Die fertig gedünsteten Zwiebeln in eine Servierschüssel füllen, mit Thymianzweigen garnieren und heiß oder kalt servieren.

Mozzarella-Tomaten-Salat

Verwenden Sie für diesen Salat unbedingt aromatische Kirschtomaten, damit er sowohl dem Gaumen als auch dem Auge schmeichelt.

NÄHRWERTANGABEN

Kilokalorien 295	Zucker 3g
Eiweiß 9g	Fett 27g
Kohlenhydrate ...3g	davon gesättigt ..7g

4 Std. 10 Min. 0 Min.

4–6 Personen

ZUTATEN

- 450 g Kirschtomaten
- 4 Frühlingszwiebeln
- 125 ml natives Olivenöl extra
- 2 EL Balsamico-Essig
- Salz und Pfeffer
- 200 g Büffel-Mozzarella, gewürfelt
- 15 g frische glatte Petersilie
- 25 g Basilikumblätter

1 Die Tomaten halbieren und in eine große Schüssel geben. Die Frühlingszwiebeln putzen, grüne und weiße Teile fein hacken und zu den Tomaten geben.

TIPP

Verwenden Sie für diesen Salat echten Büffel-Mozzarella. Er ist in italienischen Feinkostgeschäften erhältlich und schmeckt besser als die übliche Variante aus Kuhmilch. Mit *Bocconcini* (kleinen Mozzarella-Kügelchen) sieht er besonders appetitlich aus.

2 Öl und Essig zugießen und alles mit den Händen gründlich mischen. Dann mit Salz und Pfeffer abschmecken. Den Mozzarella zugeben und erneut alles gut mischen. Abdecken und 4 Stunden in den Kühlschrank stellen.

3 Den Salat 10 Minuten vor dem Servieren aus dem Kühlschrank nehmen. Die Petersilie fein hacken und zufügen. Alle Zutaten noch einmal durchmischen. Mit Basilikumblättern garnieren, erneut abschmecken und servieren.

Grüner Tabbouleh

Dieser türkische Salat wird oft mit Tomaten zubereitet. Hier werden zur Abwechslung einmal nur grüne Kräuter und Gemüse verwendet.

NÄHRWERTANGABEN

Kilokalorien 333	Zucker 4g
Eiweiß 9g	Fett 24g
Kohlenhydrate . .59g	davon gesättigt . .8g

20 Min. 0 Min.

4 Personen

ZUTATEN

- 300 g Bulgur
- 200 g Salatgurke
- 6 Frühlingszwiebeln
- 15 g frische glatte Petersilie
- 1 Zitrone
- 2 EL Knoblauchöl
- Salz und Pfeffer

1 Wasser in einem Topf zum Kochen bringen. Bulgur in eine hitzebeständige Schüssel geben, mit 600 ml kochendem Wasser übergießen und mit einem Teller abdecken. 20 Minuten ziehen lassen, bis der Bulgur das Wasser aufgenommen hat und weich ist.

2 Inzwischen die Gurke längs halbieren und jede Hälfte in 3 lange Streifen schneiden. Mit einem Teelöffel die Kerne entfernen. Die Gurkenstreifen in mundgerechte Stücke schneiden und in eine Schüssel geben.

3 Die grünen Enden der Frühlingszwiebeln abschneiden und die Zwiebeln längs halbieren. Alles fein hacken und zu den Gurken in die Schüssel geben.

4 Die Petersilie auf ein Küchenbrett legen und mit Salz bestreuen. Mit einem Küchenmesser Blätter und Stängel fein hacken und ebenfalls in die Schüssel geben. Dann die Schale der Zitrone in die Schüssel reiben.

5 Den abgekühlten Bulgur mit den Händen auspressen oder in ein Sieb geben und das überschüssige Wasser mit einem Kochlöffel herausdrücken.

6 Die Zitrone halbieren und eine Hälfte über dem Salat auspressen. 2 Esslöffel Knoblauchöl zugießen und alle Zutaten verrühren. Mit Salz und Pfeffer abschmecken und eventuell noch etwas mehr Zitronensaft oder Öl zugeben. Den Salat mit Frischhaltefolie abdecken und bis zum Verzehr kalt stellen.

4

5

6

TIPP

Servieren Sie diesen Salat mit einigen Dips – etwa Hummus (siehe Seite 11) – als Teil eines orientalischen Buffets.

Dicke Bohnen mit Feta

Dieses einfache Gericht fängt die berauschenden Aromen der griechischen Inseln ein und ist eine passende Gemüsebeilage zu gegrilltem Lamm.

NÄHRWERTANGABEN

Kilokalorien	140	Zucker	1g
Eiweiß	6g	Fett	10g
Kohlenhydrate	6g	davon gesättigt	3g

10 Min. 2 Min.

4–6 Personen

ZUTATEN

- 500 g dicke Bohnen, ausgelöst
- 4 EL natives Olivenöl extra
- 1 EL Zitronensaft
- Salz und Pfeffer
- 1 EL frisch gehackter Dill, plus etwas mehr zum Garnieren
- 60 g Feta, abgetropft und gewürfelt
- Zitronenspalten, zum Servieren

1 Die Bohnen 2 Minuten in kochendem Wasser weich garen. Dann gut abgießen und leicht abkühlen lassen.

2 Die äußere Haut der Bohnen entfernen, damit die Bohnen grün glänzen (siehe Tipp). Die Bohnen in eine große Schüssel geben.

3 Olivenöl und Zitronensaft verrühren und mit Salz und Pfeffer abschmecken. Über die warmen Bohnen gießen, den Dill zufügen und alles gut verrühren.

4 Wenn die Bohnen heiß serviert werden sollen, die Fetawürfel über den fertigen Bohnen verteilen und den Dill darüber streuen. Ansonsten die Bohnen auskühlen lassen und bis zum Verzehr kalt stellen. Erst 10 Minuten vor dem Servieren aus dem Kühlschrank nehmen, abschmecken, mit Feta und Dill garnieren und mit Zitronenspalten servieren.

2

3

4

TIPP

Nur bei sehr jungen Bohnen, die zu Beginn der Saison angeboten werden, braucht die äußere Haut wie in Schritt 2 nicht entfernt zu werden.

Panzanella

Dieser erfrischende italienische Brotsalat ist an einem heißen Sommertag eine ideale Mittags- oder Abendmahlzeit.

NÄHRWERTANGABEN

Kilokalorien 213	Zucker 11g
Eiweiß 7g	Fett 6g
Kohlenhydrate . .33g	davon gesättigt . .1g

1 Std. 10 Min.

4–6 Personen

ZUTATEN

- 250 g Kräuter-Focaccia, Ciabatta oder Baguette
- 4 große, vollreife Tomaten
- natives Olivenöl extra
- 4 rote, gelbe und/oder orangefarbene Paprika
- 100 g Salatgurke
- 1 große rote Zwiebel, fein gehackt
- 8 eingelegte Sardellenfilets, abgetropft und gehackt
- 2 EL Kapern, abgespült und trockengetupft
- etwa 4 EL Rotweinessig
- etwa 2 EL Balsamico-Essig
- Salz und Pfeffer
- frische Basilikumblätter, zum Garnieren

1 Das Brot in 2,5 cm große Würfel schneiden und in eine Schüssel geben. Die Tomaten über einer Schüssel vierteln und den Saft auffangen. Die Kerne mit einem Teelöffel entfernen, das Fruchtfleisch grob hacken und zu den Brotwürfeln geben.

2 Über die Mischung 5 EL Olivenöl träufeln und alles mit den Händen gut vermengen. Den aufgefangenen Tomatensaft zugießen und sorgfältig unterheben. Die Mischung abdecken und 30 Minuten ziehen lassen.

3 Inzwischen die Paprika halbieren, entkernen und mit der Schnittseite nach unten auf ein Backblech legen. Unter einem vorgeheizten Grill 10 Minuten rösten, bis die Haut Blasen wirft und das Fruchtfleisch weich ist. Anschließend in einen Gefrierbeutel füllen, gut verschließen und 20 Minuten beiseite stellen, damit der Dampf die Haut löst. Diese vollständig entfernen und das Fruchtfleisch fein würfeln.

4 Die Gurke längs halbieren. Jede Hälfte in 3 lange Streifen schneiden und mit einem Teelöffel entkernen. Das Fruchtfleisch fein würfeln.

5 Zwiebel, Paprika, Gurke, Sardellen und Kapern zur Brotmischung geben und alles gut verrühren. Dann Rotwein- und Balsamico-Essig darüber träufeln und mit Salz und Pfeffer würzen. Falls erforderlich noch etwas Öl oder Essig zugießen, es darf aber nicht zu flüssig werden. Den Salat mit frischen Basilikumblättern garnieren und sofort servieren.

1

3

5

Kartoffelsalat mit Salami

Italienische Wurst, getrocknete Tomaten und Basilikum verleihen diesem Salat sein mediterranes Aroma.

NÄHRWERTANGABEN

Kilokalorien 450	Zucker 6g
Eiweiß 13g	Fett 28g
Kohlenhydrate ..38g	davon gesättigt ..1g

15 Min. 20 Min.

4 Personen

ZUTATEN

- 450 g fest kochende Kartoffeln
- 1 Kopf Radicchio oder Lollo rosso
- 1 grüne Paprika, in Streifen
- 175 g Salami, in Scheiben
- 1 rote Zwiebel, halbiert und in Ringen
- 125 g getrocknete Tomaten, in Streifen
- 2 EL frisch gehacktes Basilikum oder frisch gehackter Dill

DRESSING

- 2 EL Olivenöl
- 2 EL Balsamico-Essig
- 1 TL Tomatenmark
- Salz und Pfeffer

TIPP

Sie können für diesen Salat jede beliebige italienische Wurst oder Salami verwenden, wobei die Sorten aus dem Süden Italiens in der Regel pikanter sind.

3

3

4

1 In einem großen Topf Wasser zum Kochen bringen, dann die Kartoffeln zugeben und darin 20 Minuten garen. Die fertig gegarten Kartoffeln sorgfältig abgießen und zum Abkühlen in eine große Schüssel geben.

2 Die Salatblätter auf einer großen Servierplatte auslegen.

3 Die abgekühlten Kartoffeln in Scheiben schneiden und abwechselnd mit Paprika, Salami, Zwiebel, Tomaten und Basilikum auf die Salatblätter schichten.

4 Sämtliche Zutaten für das Dressing in eine kleine Schüssel geben und gut verquirlen. Das Dressing über den Salat gießen und sofort servieren.

Feigen mit Orangencreme

Saftige, süße Feigen gedeihen an der gesamten Mittelmeerküste. Hier werden sie mit einer cremigen Orangensauce gereicht.

NÄHRWERTANGABEN

Kilokalorien	220	Zucker	13g
Eiweiß	3g	Fett	18g
Kohlenhydrate	14g	davon gesättigt	9g

10 Min. 0 Min.

4 Personen

ZUTATEN

- 8 große frische Feigen
- 4 große frische Feigenblätter, gewaschen und trockengetupft, zum Dekorieren (nach Belieben)

ORANGENCREME

- 125 g Crème fraîche, selbst gemacht (siehe unten) oder gekauft
- 4 EL Orangenblüten-Wasser
- 1 TL Orangenblüten-Honig
- abgeriebene Schale von ½ Orange
- 2 EL Mandelblättchen, zum Dekorieren (nach Belieben)

CRÈME FRAÎCHE

- 2 EL Buttermilch
- 300 g Crème double

1 Die Crème fraîche mindestens einen Tag vorher zubereiten. Dazu die Buttermilch in ein Schraubglas gießen, die Crème double zugießen, fest zuschrauben und kräftig schütteln. Die Crème fraîche 6–8 Stunden bei Zimmertemperatur stehen lassen, dann für mindestens 8 Stunden in den Kühlschrank stellen. Sie ist bis zu 4 Tage haltbar. Danach wird sie bitter. Vor dem Verzehr leicht aufschlagen.

2 Für die Dekoration eine trockene Pfanne bei mittlerer Hitze erwärmen, die Mandeln zufügen und unter Rühren leicht bräunen. Vorsicht, sie dürfen nicht verbrennen. Sofort aus der Pfanne nehmen und beiseite stellen.

3 Für die Orangencreme zunächst die Crème fraîche in eine kleine Schüssel geben. Dann 4 Esslöffel Orangenblüten-Wasser, Honig und Orangenschale einrühren. Abschmecken und eventuell noch etwas Orangenblüten-Wasser zufügen.

4 Zum Servieren die Stielansätze der Feigen abschneiden, die Früchte aber nicht schälen. Die Feigen mit dem spitzen Ende nach oben hinstellen. Jede Feige vierteln, ohne sie ganz durchzuschneiden, und zu einer „Blüte" öffnen.

5 Die Feigenblätter in die Mitte der Teller legen. Je 2 Feigen auf ein Blatt stellen und etwas Orangencreme neben den Feigen arrangieren. Die Creme kurz vor dem Servieren eventuell mit den gerösteten Mandeln bestreuen.

2

3

4

Sahniges Fruchtparfait

Auf der griechischen Insel Kythera kommt dieses köstliche Joghurt-Frucht-Dessert sowohl in Tavernen als auch daheim auf den Tisch.

NÄHRWERTANGABEN

Kilokalorien 261	Zucker 17g
Eiweiß 10g	Fett 18g
Kohlenhydrate ..17g	davon gesättigt ..7g

15 Min. 0 Min.

4–6 Personen

ZUTATEN

- 225 g frische Kirschen
- 2 große Pfirsiche
- 2 große Aprikosen
- 700 g griechischer Joghurt oder fester Naturjoghurt
- 60 g Walnusshälften
- 2 EL Blütenhonig
- frische Johannisbeeren oder andere Beeren, zum Dekorieren

1 Die Kirschen entsteinen und halbieren. Aprikosen und Pfirsiche längs halbieren, die Steine entfernen und das Fruchtfleisch fein hacken.

2 Kirschen, Pfirsiche und Aprikosen in einer Schüssel vorsichtig verrühren.

3 Ein Drittel des Joghurts in eine zweite Schüssel geben und die Hälfte der Obstmischung darüber löffeln.

4 Mit je einer Schicht Joghurt und Obst wiederholen und den restlichen Joghurt darüber geben.

5 Die Nüsse in einen Mixer geben und grob zerkleinern. Dann die gehackten Nüsse über den Joghurt streuen.

6 Den Honig über dem Dessert verteilen. Das fertige Fruchtparfait mit Frischhaltefolie abdecken und mindestens 1 Stunde kalt stellen. Nach Belieben kurz vor dem Servieren mit Johannisbeeren oder anderen frischen Beeren dekorieren.

VARIATION

Variieren sie die Früchte in diesem Dessert je nach Geschmack und Saison. Feigen, kernlose Trauben, Melonen oder jede Art von Beeren sind hierfür gut geeignet. Im Winter können Sie die frischen Früchte durch einige eingeweichte Trockenfrüchte ersetzen.

1

3

5

Zitronenmilchreis

Reis ist in vielen mediterranen Küchen ein Grundnahrungsmittel. Hier wird er zu einem cremigen Dessert verarbeitet.

NÄHRWERTANGABEN

Kilokalorien 332	Zucker 22g
Eiweiß 11g	Fett 10g
Kohlenhydrate . .52g	davon gesättigt . .3g

1 Std. 10 Min. 25 Min.

4 Personen

ZUTATEN

- 1 TL Speisestärke
- 850 ml Milch
- 125 g Rundkornreis
- 2 EL Zucker oder 1 EL Honig, zum Abschmecken
- abgeriebene Schale von 1 großen Zitrone
- frisch gepresster Zitronensaft, zum Abschmecken
- 50 g Pistazien, geschält und gehackt

1 Die Speisestärke mit 2 Esslöffeln Milch verrühren, bis keine Klümpchen mehr vorhanden sind. Einen Topf mit kaltem Wasser ausspülen, nicht abtrocknen.

2 Die restliche Milch mit der angerührten Speisestärke in den Topf geben und bei mittlerer Hitze erwärmen. Unter gelegentlichem Rühren gerade zum Köcheln bringen. Die Milch darf nicht sprudelnd kochen.

3 Den Reis einrühren, die Hitze reduzieren und unter Rühren 20 Minuten köcheln lassen, bis die Flüssigkeit bis auf 2 Esslöffel verdampft und der Reis weich ist.

4 Vom Herd nehmen und in eine hitzebeständige Schüssel füllen. Mit Zucker oder Honig abschmecken und die Zitronenschale unterrühren. Nach Belieben etwas Zitronensaft zugeben und auskühlen lassen.

5 Die Reisoberfläche gut mit Frischhaltefolie abdecken und mindestens 1 Stunde in den Kühlschrank stellen – je kälter der Reis ist, desto besser schmeckt er zu frischen Früchten.

6 Den Milchreis in Schalen füllen und mit Pistazien garniert servieren.

3

4

6

TIPP
Es ist wichtig, den Topf in Schritt 1 auszuspülen, damit die Milch nicht anbrennt.

Zitronen-Granita

Der feinsäuerliche Geschmack dieses weichen, körnigen Eisdesserts wirkt nach einer üppigen Mahlzeit besonders erfrischend.

NÄHRWERTANGABEN

Kilokalorien	78	Zucker	20g
Eiweiß	1g	Fett	0g
Kohlenhydrate	20g	davon gesättigt	0g

5 Std. 15 Min. 10 Min.

4–6 Personen

ZUTATEN

- 4 große Zitronen
- 100 g feiner Zucker
- 700 ml Wasser
- ausgehöhlte Zitronen (nach Belieben)
- frische Minzezweige, zum Dekorieren (nach Belieben)

1 Die Schale einer Zitrone in 6 feinen Streifen abschneiden. Die Schale der anderen Zitronen dünn abreiben; dabei die weiße Haut an den Früchten belassen.

2 Die Zitronen auf der Arbeitsfläche mit festem Druck hin- und herrollen. Dann halbieren und 125 ml Saft auspressen. Die geriebene Schale zum Saft geben und zunächst beiseite stellen.

3 Die Zitronenschalenstreifen, den Zucker und das Wasser in einen Topf geben und bei mittlerer Hitze so lange rühren, bis der Zucker gelöst ist. Dann bei starker Hitze 4 Minuten kochen, ohne zu rühren. Vom Herd nehmen, in eine metallfreie Schüssel gießen und abkühlen lassen.

4 Die Schalen herausnehmen und den Zitronensaft sowie die abgeriebene Schale einrühren. In einen flachen Behälter geben und gut abdecken. Tiefgekühlt ist die Granita bis zu 3 Monate haltbar.

5 Zum Servieren den Behälter auf ein Küchenbrett stürzen. Ein Küchentuch in heißes Wasser legen, auswringen und 15 Sekunden über den Boden des Behälters reiben. Den Behälter schütteln, die Granita sollte herausfallen. Eventuell wiederholen.

6 Die Granita mit einem Messer klein hacken und in einen Mixer geben. Auf höchster Stufe mixen, bis sie körnig wird. Sofort in gekühlten Schalen oder ausgehöhlten Zitronenschalen servieren. Nach Belieben mit Minze dekorieren.

VARIATION

Mit Zitrone aromatisierte Kräuter verleihen einen unvergleichlichen Geschmack. Geben Sie in Schritt 3 etwas Zitronenthymian zum Sirup. Diesen mit den Schalenstreifen in Schritt 4 entfernen.

Espresso-Granita

Diese körnige Granita wirkt als Dessert wie auch als Zwischenmahlzeit an heißen Vormittagen angenehm kühlend.

NÄHRWERTANGABEN

Kilokalorien 133	Zucker 35g
Eiweiß 0g	Fett 0g
Kohlenhydrate . .35g	davon gesättigt . .0g

5 Std. 10 Min. 10 Min.

4–6 Personen

ZUTATEN

- 200 g feiner Zucker
- 600 ml Wasser
- 3 Tropfen Vanillearoma
- 600 ml starker Espresso, gekühlt
- frische Minze, zum Dekorieren (nach Belieben)

1 Zucker und Wasser in einem Topf unter Rühren erwärmen, bis der Zucker gelöst ist. Dann die Hitze erhöhen und die Mischung 4 Minuten kochen, ohne zu rühren. Eventuell mit einem nassen Pinsel den Sirup von der Topfwandung bürsten.

2 Den Topf vom Herd nehmen und den Sirup in eine hitzebeständige, metallfreie Schüssel gießen. Die Spüle mit etwas Eiswasser füllen und die Schüssel hineingeben, um das Abkühlen zu beschleunigen. Vanillearoma und Kaffee einrühren und vollständig auskühlen lassen.

3 In einen flachen Metallbehälter gießen, abdecken und einfrieren. Nun ist die Mischung bis zu 3 Monate haltbar.

4 Die Dessertschalen 30 Minuten vor dem Servieren im Kühlschrank kühlen.

5 Den Behälter mit der Granita auf ein Küchenbrett stürzen. Ein mit heißem Wasser getränktes Küchentuch 15 Sekunden über den Behälterboden reiben. Den Behälter kurz schütteln, die Granita sollte nun herausfallen. Eventuell wiederholen.

6 Die Granita in Stücke hacken und in einen Mixer geben. Auf höchster Stufe mixen, bis sie körnig wird. Sofort servieren.

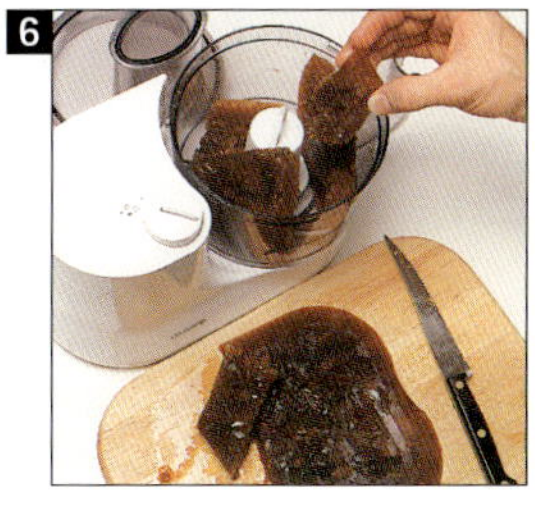

TIPP

Für diese italienische Spezialität eignet sich nur dunkler, vollaromatischer Espresso. Jeder andere Kaffee verliert beim Gefrieren sein Aroma.

Parragon
Queen Street House
4 Queen Street
Bath BA1 1HE, UK

Satz und Redaktion: Regine Ermert, Köln, unter Mitarbeit von Alexander Kerkhoffs und Sonja Leyers, Köln
Koordination: Antje Seidel, Köln

HINWEIS

Sind Zutaten in Löffelmengen angegeben, ist immer ein gestrichener Löffel gemeint.
Ein Teelöffel entspricht 5 ml, ein Esslöffel 15 ml. Sofern nichts anderes angegeben ist, wird Vollmilch (3,5 % Fett) verwendet. Bei Eiern und einzelnen Gemüsesorten, z. B. Kartoffeln, verwenden Sie mittelgroße Exemplare. Pfeffer sollte stets frisch gemahlen werden. Sofern die Schale von Zitrusfrüchten benötigt wird, verwenden Sie unbedingt unbehandelte Früchte.
Bei den Vorbereitungszeiten sind das Abkühlen, Marinieren, Einweichen und die Zubereitung von selbst gemachten Brühen berücksichtigt.
Die angegebenen Zeiten in jedem Rezept sind grobe Richtlinien, die je nach Kochtechnik und Garzeit differieren können.
Bei den Garzeiten können sich je nach Herdtyp und Heizquelle geringfügige Änderungen ergeben.
Bei Verwendung des Backofens sollte dieser immer auf die angegebene Temperatur vorgeheizt werden.
Für Garzeiten und Temperatureinstellungen bei Umluftherden die Anweisungen der Hersteller beachten.

Kinder, ältere Menschen, Schwangere, Kranke und Rekonvaleszenten sollten auf Gerichte mit rohen oder nur leicht gegarten Eiern verzichten.

ISBN 1-40542-586-5

Printed in China

Der Verlag dankt Steamer Trading Cookshop, Lewes, East Sussex, für die freundliche Überlassung von Utensilien.